No.1ストラテジストが教える

日本株を動かす外国人投資家の儲け方と発想法

FOCUS ON
FOREIGN INVESTORS'
INVESTMENT
STRATEGY

みずほ証券
エクイティ調査部
チーフ株式ストラテジスト
菊地 正俊
MASATOSHI KIKUCHI

日本実業出版社

◉はじめに

私は大和証券で14年、メリルリンチ日本証券で11年、みずほ証券で5年、外国人投資家の日本株への投資を促すために、リサーチした内容を説明する仕事を続けてきました。いまも欧米とアジアを年に2回ずつ訪問し、日本株に投資してもらう（手数料を会社に落としてもらう）ためのプレゼンをしたり、旧知の投資家や新規の投資家と、日本経済や日本企業について議論をしたりしています。

そうして得た情報を、２００３年に『外国人投資家が買う会社・売る会社』（東洋経済新報社）、２００７年に『外国人投資家』（洋泉社）、２００８年に『外国人投資家の視点』（ＰＨＰ研究所）、２０１１年に『外国人投資家が日本株を買う条件』（日経プレミアシリーズ）などの本として発表してきましたが、本書はこれらの最新版にあたるものです。

２０１７年10月には、外国人投資家の怒涛の買いで、日経平均は過去最長の16連騰し、２万２０００円を超えました。改めて外国人投資家の日本株への影響の大きさと、外国人投資家が買わないと日本株は上がらないことを示しました。

本書では、日本株に投資する外国人投資家の構造的な変化、最近の外国人投資家の売買動向、日本株に対する考え方などをわかりやすく紹介しました。個人投資家は外国人投資家の日本株に対する投資行動のパターンを理解することで、彼らの動きに乗じたり、そのスキマを突いたりして儲けることができるでしょう。

日本株をめぐる外国人投資家の現状

２０１３年初めの異次元金融緩和、アベノミクスの構造改革期待、日本企業の株主重視経営へのシフトを背景に、外国人投資家の日本株買いは大きく盛り上がり、安倍政権発足以来の累積買い越し額は２０１５年半ばまでに約20兆円に達しました。

しかしその後、外国人投資家の日本株への関心が低下し、外国人投資家は売り越しに転じました。外国人投資家が日本株売りに転じた理由は、①日銀の金融緩和がデフレ脱却に十分な効果を発揮しなかった、②日本企業のコーポレートガバナンス（企業統治）改革が当初の期待を下回った、③安倍首相が経済改革より安保問題に熱心に見えたことなどでした。安倍首相は２０１３年9月にニューヨーク証券取引所で挨拶をし、米国投資家に向かって、「Buy my Abenomics」と言いましたが、そのアベノミクスの外国人投資家へアピールする神通力が一時的に低下しました。

一方で、日銀はETF購入額を2016年7月に年3・3兆円から6兆円にほぼ倍増させたため、2017年8月には、安倍政権発足以来の日本株の累積購入額で、日銀が外国人投資家を上回ってしまいました。日銀の大規模なETF購入は、株式市場を社会主義化し、株価指数の比重が高い銘柄のバリュエーション（株価評価）を歪め、株価指数に連動したパッシブ買いなのでコーポレートガバナンス改革にも反すると、外国人投資家からの評価は良くありません。

2014年10月に、追加金融緩和と同時に世界最大の公的年金であるGPIF（年金積立金管理運用独立行政法人）が資産配分を変更する旨を発表したときにも、外国人投資家の日本株買いが急増しました。しかし、GPIFは引き上げられた日本株の目標比重である25％をほとんど達成したので、これ以上の日本株買いは期待できない状況です。

外国人投資家の日本株買いは、世界経済見通し、為替、内外国債利回りなど外的環境にも左右されます。2016年11月の米国大統領選挙でトランプ大統領が当選し、米国国債利回りが上昇した際に外国人投資家の日本株買いが戻りましたが、2017年に入り、トランプ大統領の減税やインフラ投資などの公約の実現が遅れることが判明し、米国国債利回りが低下すると、日本株買いは再び減りました。2017年の世界経済は堅調でしたが、世界的なインフレ期待が低下するなか、労働需給がタイトでもなぜ賃金が上がらないのか、日米両国で問われました。アマゾンとの競争が小売業の値上げを抑制し、ＡＩ（人工知能）化が労組の賃上げ要求を慎重にしているといわれました。

外国人投資家は２０１７年７〜８月に約２兆円の日本株を売り越しましたが、９〜10月に5兆円以上を買い越し、日経平均の21年ぶり高値に寄与しました。東証の空売り比率が高止まりしているところに、米国国債利回りの反発、トランプ減税成立の見通し、衆議院選挙での自民党の勝利など、マクロ的な好材料がそろったためです。

外国人投資家は日本株を買いたがっている⁉

外国人投資家は世界の金融市場に投資し、リターンを求めています。日本の株式市場についても同様で、常に日本独自の買い材料＝チャンスを求めています。

２０１７年４〜５月に発表された決算が予想よりも良かったにもかかわらず、外国人投資家が日本株を売ったの理由の一つに、株主還元に対する失望がありました。日本企業は現預金を豊富に保有し、業績見通しが良いのに、２０１７年４〜８月の自社株買いの発表は前年同期比で約２割減りました。日本企業の自社株買いは全部足しても年間４兆〜５兆円ですが、米国大手銀行は１社で１兆円超の自社株買いを行なっています。今後、業績見通しの上方修正に合わせて、自社株買いや増配が増えると、外国人投資家の日本株買いがさらに増えるでしょう。

史上最高値を更新する米国株式市場では、ＦＡＮＧ（フェイスブック、アマゾン、ネットフリックス、グーグル）のような大型成長株がリード役になっています。また、欧米投資家は中国のアリババやテンセントなどの巨大なＩＴ企業にも強い関心を示しています。日本株ではソフトバンクグループやキーエンスなどが、外国人投資家から評価される大型テクノロジー株ですが、日本株が外国人投資家からもっと評価されて、米国株に追いつくようになるためには、大型グロース株（成長株）がもっと出てくる必要があるでしょう。

今後の外国人投資家の動向は？

東証の売買シェアで、６～７割を占める外国人投資家に続くのは個人投資家の約２割です。最近大きな買い手になっている事業会社の自社株買いは市場外取引が多く、年金は売買頻度が低いため、両者の売買シェアは低く、日本の株式市場は外国人投資家と個人投資家でキャッチボールしているような市場といえます。

そのため、日本の投資家が外国人投資家の動向を注目するのとは逆に、外国人投資家は日本の個人投資家の動向に着目しています。アベノミクスによる成長期待の高まりやマイナス金利の導入にもかかわらず、日本の家計金融資産の約半分が現預金のままなのはなぜか？　日経平均が2万円を超えてくると個人投資家はなぜ利食ってくるのか？　外国人投資家は不思議に思い、その動向を注視しながら、日本株に投資して儲けるチャンスをうかがっています。

本書は事情によって、海外旅行に行けなくなった遅い夏休みを活用して執筆し、10月いっぱいをかけて校正などの作業をしました。前書に続いて、みずほ証券エクイティ調査部の永吉勇人氏、黒崎美和氏、白畑亜希子氏がデータ作成や資料収集の面で協力してくれました。長年にわたり、日本株について議論してくれる外国人投資家なくして、本書はありませんでした。本書を通じて、外国人投資家の実態や投資手法を知った個人投資家が、日本株投資に前向きになれれば幸いです。

二〇一七年一一月

菊地正俊

※本書は２０１７年10月時点の記述であり、判断は経済および市場環境次第で変わることにご留意ください。為替は１ドル＝１１０円と１ユーロ＝１３０円で換算しています。証券会社は顧客情報の保護が求められるため、運用会社や公募投信の情報などは、Ｗｅｂ上の公表情報に基づいています。本書の内容は筆者個人の見解であり、筆者の所属する組織のそれではないこと、および特定の株式、金融商品、あるいは投資戦略を勧めるものでないことをお断りします。

はじめに

第1章

外国人投資家とはどういう人たちで日本株をどう売買しているのか？

第2章
いま外国人投資家は日本経済と株式市場をどう見ているのか？

第3章

いま外国人投資家が注目している日本株の投資テーマはコレだ！

第4章
外国人投資家がもっと買いたくなる日本企業の姿とは？

第5章 外国人投資家の投資行動を活用して儲けるための7つの方法

第6章

主要な外国人投資家（運用会社）の考え方や投資手法はこうなっている

装丁・DTP／村上顕一

第1章

FOCUS ON
FOREIGN INVESTORS'
INVESTMENT
STRATEGY

外国人投資家とはどういう人たちで日本株をどう売買しているのか？

そもそも「外国人投資家」とは誰のことを指しているのか？

資本が外国であれば「外国人投資家」といわれる

バークシャー・ハサウェイ社のウォーレン・バフェット氏や、香港最大の企業グループである長江実業の李嘉誠会長など、超富豪の個人も外国人投資家といえますが、通常、外国人投資家とは外国運用会社を指します。そして、外国運用会社とはその資本が外資系であることを意味します。

代表的な外国運用会社には、米国のブラックロックやフィデリティ、英国のベイリー・ギフォード、フランスのアムンディ、シンガポールのGIC、中東のADIAなどがあります（第6章参照）。**大手外国運用会社は東京にオフィスを構えて、実際の調査や運用は日本人がやっていることが少なくありませんが、会社の資本が外国である限り、外国人投資家**

として扱われます。

一方、日系の大手運用会社のアセットマネジメント・ワンや野村アセットマネジメントなどは、外国の年金や政府系資金の日本株運用を行なっており、運用資金の出所は、国内年金や個人資金ばかりでなく、外国であることも少なくありませんが、外国人投資家とはみなされません。また、日興アセットマネジメントは従業員の約4割が海外にいるグローバルな運用会社ですが、三井住友信託銀行の子会社なので、日系運用会社です。

意味がなくなってきた地域別の分類

外国人投資家は、地域別、投資手法、上場の有無などによって分けることができます。

ただ、東証が月1回発表する「海外投資家地域別株券売買状況」は、違和感がある統計です。2016年のデータをみると、欧州投資家が売買代金の68%も占め、北米は17%、アジアは14%、その他が0・2%でした。グローバルな運用会社はロンドンから発注することが多いうえ、外資系証券会社の自己勘定取引も、ロンドンで取引される比率が高いからだと推測されます。その他地域の投資家には中東が含まれますが、中東のソブリン・ウェルス・ファンドはロンドンの拠点から運用したり、欧州の運用会社に委託したりする場合が多いので、欧州の投資家にもかなりカウントされています。

私の実感では、米国の投資家の資金力が最もあり、次いで英国、あとは香港やシンガポールの投資家が重要との印象です。グローバルな運用会社は世界各地に運用拠点があるので、運用会社を米国籍や英国籍などと区別する意義はなくなっています。ちなみに、日本株が最も人気があった1980年代後半は、大手日系証券がスイスに3支店を抱え、パリ、アムステルダム、マドリッド、ストックホルムなどにも支店または出張所がありましたが、現在は欧州の日本株営業拠点はロンドンに集約している会社がほとんどです（いまは、Brexitでロンドンからフランクフルトに経営資源を移す動きが出ています）。

外国人投資家にはどういう種類があるのか？

◉運用手法による分類

外国人投資家を運用手法で大きく分類すると、空売りをしないロングオンリーと、空売りをするヘッジファンドに分かれます。

ロングオンリーの外国人投資家にもいろいろあります。欧州には政治、経済、産業動向などトップダウンの見方に基づいて投資する投資家が多い一方、米国には企業のファンダメンタルズ、とくに中長期的なキャッシュフローや国際競争力分析などに基づいて個別銘柄を取引するボトムアップの投資家が多い印象です。また、ヘッジファンドはマクロ情報に注目してトップダウンで株価指数、為替・債券、クレジットなどを取引するマクロヘッジファンドと、個別銘柄に注目してロング&ショートを行なうヘッジファンドに分かれます。

◉投資対象地域による分類

投資対象地域で分けると、英国やドイツには日本株だけを運用するジャパンオンリーの投資家がいますが、米国には日本株専任はほとんどいなくなり、日本株を含む外国株ポートフォリオとして運用する投資家が多くなっています。米国では米国株を含む世界株を運用する場合はグローバル、米国株を除く外国株だけの場合はインターナショナルと呼びます。インターナショナル株の運用は、以前は米国の金融情報サービス企業であるＭＳＣＩが算出・公表している先進国中心のＥＡＦＥ（Europe, Australia, Far East）をベンチマークとするものが多かったのですが、近年は中国などすべての新興国を含むＡＣＷＩ（All Country World Index）をベンチマークとするものが増えています。

こうした特性の違いから、たとえば、私が英国のジャパンオンリーのファンドマネジャーと話をするときは、日本の機関投資家と話すのと同レベルの詳細な話をする必要があるのに対し、米国のグローバルポートフォリオを運用するファンドマネジャーと話をするときは、日本の細かいことを知らないので、大局的な話になります。

●投資対象銘柄による分類

国内運用会社もバリュー投資（割安株投資）とグロース投資（成長株投資）、またそのハイブリッドであるGARP（Growth at Reasonable Price）のいずれを重視するかによって分かれます。外国運用会社もバリュー投資を得意とする運用会社と、グロース株投資がうまい運用会社に分けられます。日本株の場合、米国株や新興国株よりもグロース株が少ないので、バリュー志向の外国人投資家が多い印象です。

●運用する資金等による分類

民間資金か国家資金かによって、民間運用機関、政府系ファンド（SWF）という分類もできますが、民間運用会社も政府系ファンドから運用資金を委託されているため、必ずしもスッキリと分類できるわけではありません。また、資本もすべて外国で、日本語がまったくできない外国人ファンドマネジャーによって運用されている運用会社がある一方、アジアのヘッジファンドに多く見られるように、外国籍の運用会社であるにもかかわらず、経営者が日本人、資金の主な出し手も日本の年金というファンドもあります。

●運用スタイルによる分類

多くの外国運用会社はＭＳＣＩなどのベンチマークをアウトパフォームすることを目指して運用していますが、ロングオンリーの運用会社にも絶対収益を目指す運用戦略があります。一方、多くのヘッジファンドは相場の上げ下げにかかわらず、絶対収益を生み出すことを目標に運用しています。

運用期間は、日本のデイトレーダーのように日ばかりを考えている外国人投資家も確かにいますが、５〜10年単位の中長期的な視野を持っている外国人投資家のほうが多い印象があります。外国人投資家が国内投資家より、短期志向だと考えるのは誤りです。

◉経営への関与の仕方による分類

投資した会社の経営に口を出すかどうかで、アクティビストファンドと、アクティビストファンド以外のファンドに分けられます。

日本だと、ヘッジファンドやアクティビストファンドは事業会社から敬遠されますが、欧米では成功したヘッジファンドやアクティビストファンドは尊敬されます。最近は、米国のサード・ポイントなどアクティビストファンドに入社するのは、大手投資銀行やコンサル会社に入社するよりむずかしいといわれます。

どういう日本株をどのくらい買っているのか？

日本株保有比率は約30％

投資家別の株式保有比率は、東証が年に1回発表する「株式分布状況調査」で知ることができます。外国人投資家の日本株保有比率（金額ベース）は1990年度末の4・7％から、ピークとなった2014年度末に31・7％に高まった後、2015年度末に29・8％に低下し、2016年度末に30・1％と若干回復しました（**図表1－1**）。

同調査では金額ベースの保有比率以外に、株数ベースの保有比率も発表しています。2016年度末の株数ベースの保有比率は26・5％と、金額ベースよりも若干低くなっています。これは、**外国人投資家は時価総額が大きい大型株の保有比率が高い**ためです。

この「30％程度」が高いか低いかは、意見が分かれるところです。33・3％超の保有であれば、M&Aなど株主総会で特別決議が必要な案件に反対できますが、経営パフォーマンスが悪い社長を解任するには50%超の保有比率が必要です。
日本の機関投資家もスチュワードシップ・コード（第4章参照）の受け入れによって、議決権行使は是々非々で行なうようになっていますが、日本の株式市場はまだ安定株主比率が高く（みずほ証券の子会社である日本投資環境研究所では、東証1部全体の安定株主＝主に政策保有株主の比率を50%程度と推計しています）、純投資の株主の意見が経営に十分反映されていません。あとで触れるように、外国人投資家は日本株式市場の安定株主の多さに不満を抱いています。

図表1-1 ◉ 外国人、個人、事業法人、金融機関の保有比率

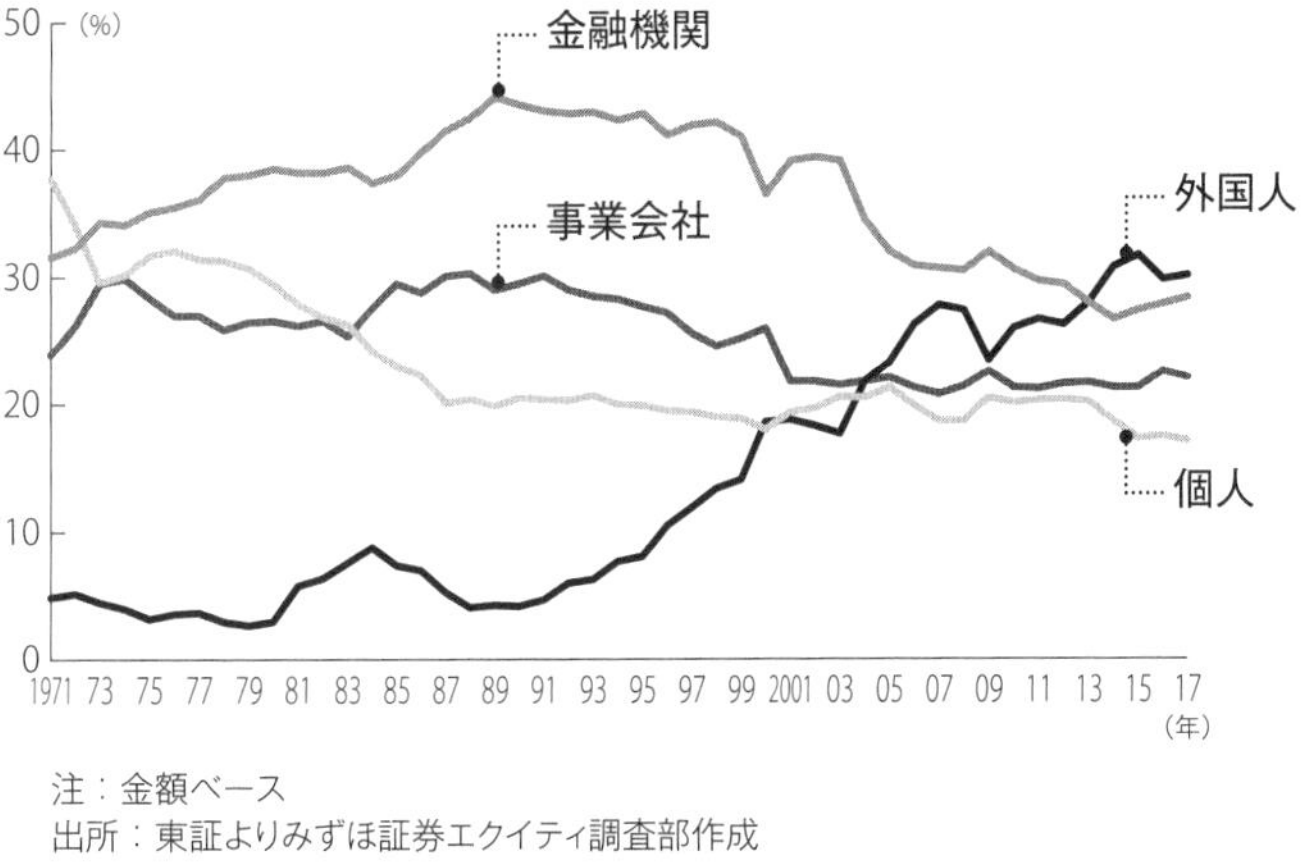

注：金額ベース
出所：東証よりみずほ証券エクイティ調査部作成

外国人投資家の保有比率が高い業種・低い業種

「株式分布状況調査」は、業種別の外国人投資家の保有比率も掲載しています。２０１６年度末の保有比率が高い業種は、鉱業39・０%、電機38・２%、精密37・８%、海運35・０%、保険34・８%だった一方、低い業種は、水産・農林16・０%、紙パ16・２%、空運18・２%、倉庫・運輸19・７%でした（**図表１－２**）。２０１６年度に外国人保有比率が高まった業種は電機、海運、精密、卸売、機械の順だった一方、低下した業種は食料品、不動産、倉庫・運輸、石油、輸送機の順でした。

鉱業の外国人保有比率が高いのは、時価総額が大きい国際石油開発帝石の外国人保有比率が43%と高いためです。また、２０１６年度に外国人保有比率が高まった理由は、電機は業績回復や世界的なテクノロジー株物色の影響、海運はシンガポールのエフィッシモキャピタルが川崎汽船株を38%も保有しているため、卸売は総合商社の資本政策の見直しが外国人投資家から評価されたためでしょう。

一方、外国人保有比率が低い業種は、内需安定型の産業が多くなっています。**外国人投資家は成長率が低く、変化に乏しい業種を敬遠する傾向があります。**

２０１６年度に外国人保有比率が低下した食料品は、バリュー（割安株）志向の外国人投資家から、バリュエーションが高いとみられたのでしょう。不動産は、株主還元策への不満が強いうえ、長年の株価低迷でさじを投げた投資家がいたのでしょう。輸送機は、電気自動車や自動運転の開発で出遅れた日本の自動車産業を構造不況とみなす外国人投資家が出てきたためでしょう。

なお、外国人保有比率と個人投資家の保有比率は反比例していることが多く、２０１６年度末に個人保有比率が高い業種は、空運の44・4％、水産・農林の27・8％、電気・ガスの27・6％の順でした。

図表1-2 ◉ 外国人の2016年度末の業種別保有比率と前年比変化

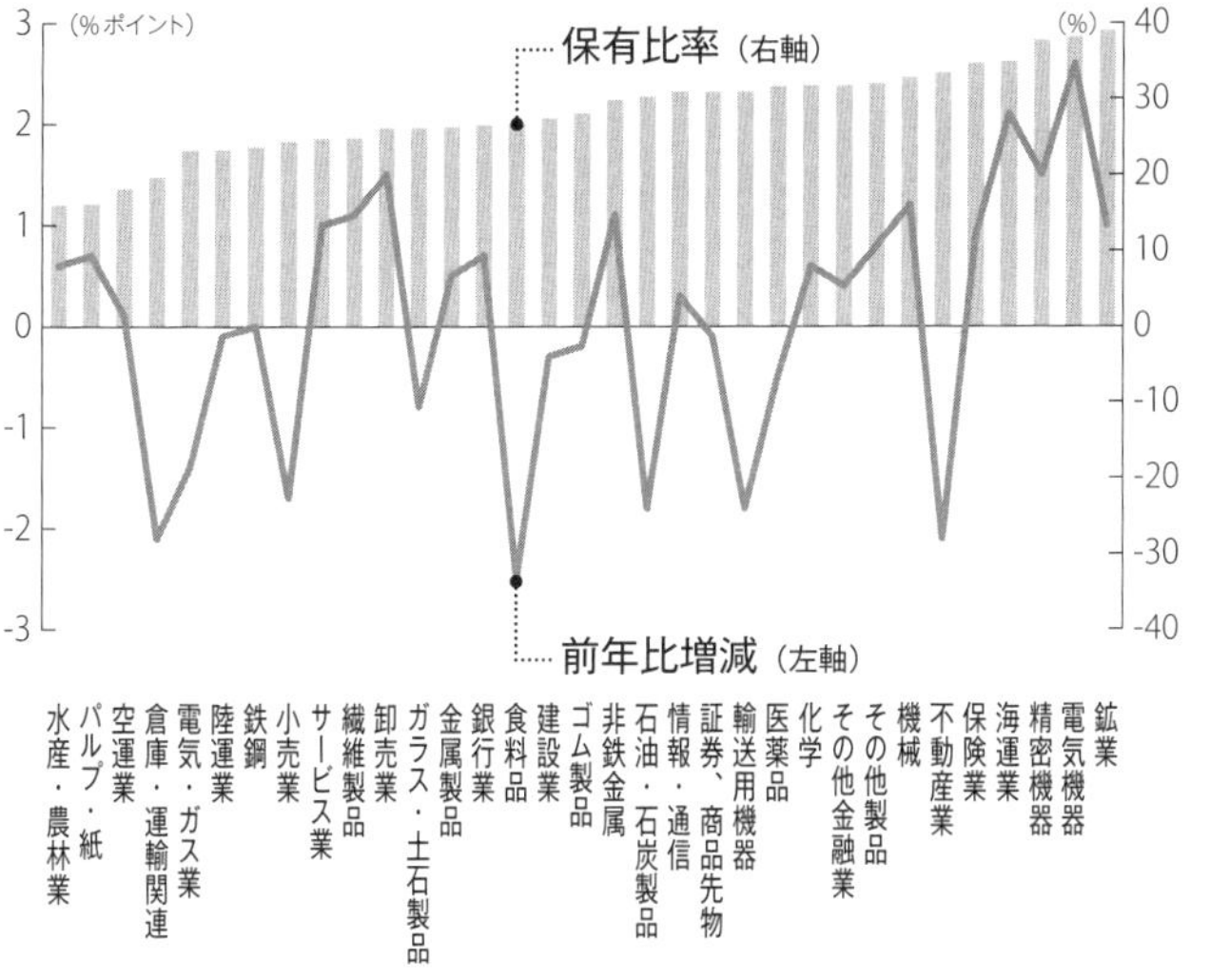

注：金額ベース、2016年度末時点
出所：東証よりみずほ証券エクイティ調査部作成

外国人投資家が好きな業種・嫌いな業種

東証1部の業種別の時価総額上位は市場動向によって変わりますが、２０１７年10月末時点では電機、輸送機、情報通信、銀行、化学、機械、卸売、小売、医薬品、食品、サービス、陸運、建設、保険、不動産の順でした。基本的に外国人投資家は、**時価総額が大きい業種に関心**があります。電機は、日本には米国のＦＡＮＧ（フェイスブック、アマゾン、ネットフリックス、グーグル）、中国のテンセントやアリババなどのような大型のネット株がないことに不満を抱いていますが、日本が強みを持つ電子部品などのハードウェアなどには関心を持ちます。ただ、日本電産やキーエンスなどの成長ストーリーはよく知られているので、**新しい成長企業の話をしないと興味を持ってもらえなくなっています**。

バリュエーションが低い輸送機は、バリュー系の外国人投資家に保有されていますが、日本の自動車メーカーはテスラなどとのＥＶ（電気自動車）開発競争に負けているとみられていることから、為替が大きな円安になるなどしないと、積極的には買われない業種になってきています。ただ、ＥＶや自動運転時代がきても生き残れる自動車部品株に個別に投資しようという動きはみられます。

情報通信は、ソフトバンクグループの海外M&A戦略、KDDIやNTTの株主還元策が評価されています。

銀行は、マイナス金利で銀行経営が厳しくなってきているうえ、株主還元も欧米大手銀行より大きく見劣りするので、外国人投資家からのメガバンクへの関心は低下しています（地銀株にはまったく関心がない外国人投資家が多いです）。また、**銀行株と不動産株は日本の内需を表す代表的業種だと思われている**ため、アベノミクスへの評価が下がると、両業種とも外国人投資家から売られます。

2017年前半に日本株のパフォーマンスが他国よりも悪かったのは、時価総額が大きい自動車株と銀行株のアンダーパフォームが主因でした。ちなみに、アジアの投資家は、日本の不動産株のみならず、実物不動産に対して高い関心を持っていますが、これは香港やシンガポールより東京の不動産が割安だと思っているからです。

外国人投資家はサービス業を好む

その他の業種について、外国人投資家がどのように考えているのかをまとめると、以下のようになります。

◉化学

信越化学や旭化成など特徴ある化学企業を評価していますが、ドイツのＢＡＳＦ、米国のデュポンなど欧米の大手化学に比べて、日本には規模が小さい化学会社が多いと感じています。たとえば、多くの外国人投資家は、**クレハとクラレの区別がつきません**し、三菱ケミカルや三井化学など、多くの事業部門を抱えるコングロマリット的な企業に対する評価は、欧米の主要企業が大胆な事業再編を行なっていることと比較されて、低いです。

◉機械

機械は日本がまだ高い国際競争力を維持しているので、外国人投資家が最も好きな業種といえます。中国の生産性改善や日本の人手不足対応で、機械への需要が増えるといった**成長ストーリーが外国人投資家から好まれます**。ちなみに、ファナックや安川電機は東証で電機に分類されますが、証券会社では普通、機械アナリストが担当しています。

◉小売

業種まとめてどうこうというより、**個別銘柄の評価が重要になります**。インバウンド需要が急増したときには、ドラッグストア株が注目されました。また、ニトリや良品計画など、独自の経営戦略を持っている小売業は外国人投資家から評価されます。ファーストリテイリングは、日経平均での比重が最も高いので、株価指数を売買するマクロヘッジファンドに注目されています。

◉食品、医薬品

ＪＴや味の素など良い企業がありますが、ネスレやコカ・コーラなど世界大手に比べると小さいので、日本株から食品株をわざわざ買う必要がないと思っている外国人投資家も少なくありません。医薬品では、**武田薬品工業ですら、時価総額は世界第17位ですので、外国人投資家からの関心が低くなっています**。ただ、食品株と医薬品株はキャッシュリッチ企業が多いので、株主還元の観点から注目されることがあります。

◉その他

外国人投資家は建設や鉄鋼など旧来型産業にあまり注目しない一方、**サービスには強い関心があります**。サービスの東証１部の時価総額比重は４％程度なので、規制緩和で上場企業をもっと増やしてほしいと思っています（米国では病院経営の会社などが上場しています）。

外国人投資家は時価総額の大きな企業を好む

アップルの時価総額は約80兆円、アマゾンが約50兆円、中国のテンセントやアリババでも約40兆円あります。一方、日本の場合、時価総額最大はトヨタ自動車の約20兆円、三菱

ＵＦＪフィナンシャル・グループで約10兆円です。銀行だけを比べてみても、米国のＪＰモルガン・チェースは約30兆円、英国・香港のＨＳＢＣは約20兆円と、三菱ＵＦＪフィナンシャル・グループの時価総額の約2～3倍あります。

時価総額という観点では、２０１７年7月に米国のテスラが時価総額でＧＭを抜いたことは、自動車業界の新旧覇権の交代とみなされました。テスラの時価総額は約7兆円と、ホンダや日産自動車を上回ります。

米国ではアップル、アマゾン、フェイスブック的な新興企業が時価総額上位に並んでいるのに対して、日本の時価総額上位には依然として大手銀行に加えて、ＮＴＴや日本郵政など旧国営企業が多いことは、日本経済の新陳代謝の遅れの反映でしょう。

海外主要株式市場との比較で、日本の時価総額の相対的な比重が低下すると、「日本株は無視してもいい」という見方が外国人投資家のあいだで広がる忌々しき事態となります。

実際、「日本株独自の分析やポートフォリオ構築は、経済合理性がないから、日本株の専門家を配置する必要がない。アジア株またはグローバル株の担当が日本株投資を兼任すればいい」として、欧米では日本株を専門とするファンドマネジャー数が減る一方、日本株を含むアジア株全体またはグローバル運用の担当者が増えています。

ただ、時価総額を高めるためには相応の理由が必要です。目下、国際比較で日本株のＰ

ＥＲやＰＢＲ対ＲＯＥに特段の割安感は出ていないので、日本企業の時価総額が欧米企業より小さいのは、利益や成長期待が高まらないことの反映だといえます。

ＧＰＩＦの動向は大きな影響を与える

日本株を運用している外国人投資家は、運用資産約１５０兆円、日本株を約40兆円持つＧＰＩＦの動向を常に注視しています。

たとえば、世界的にＥＳＧ（環境、社会、ガバナンス）に着目した運用が主流になるなかで、２０１７年7月にＧＰＩＦは、ＥＳＧパッシブ指数の採用を発表しました。ＧＰＩＦは企業のＥＳＧ意識を高めて、日本株式市場全体を底上げしたい意図があります。

ＧＰＩＦから選ばれた2社はＭＳＣＩ、ＦＴＳＥというともに世界的な株価指数会社でした。選ばれたのは、「FTSE Blossom Japan Index」「ＭＳＣＩジャパンＥＳＧセレクト・リーダーズ指数」がＥＳＧ総合、「ＭＳＣＩ日本女性活躍指数」がＳ単独であり、ＥやＧ単独指数の採用はありませんでした。いずれも時価総額上位５００社で構成される親指数から選ばれるため、時価総額が小さい企業は選定の対象外となりました。

ＭＳＣＩのＥＳＧ指数の銘柄選定では、企業の開示情報（有価証券報告書、ＣＳＲレポート、アニュアルレポート、株主総会資料、プレスリリース等）、外郭団体、政府・NGO発表データ、メディアその他など公開情報が使われ、アンケートや個別調査は行なっていません。

ESG株価指数のパフォーマンスは良いか否かが問われていますが、バックテストによると、3指数ともパフォーマンスとリスク量はTOPIX並みになっています。3指数による当初運用額は日本株全体の3％程度（約1兆円）ですが、今後増える見通しです。

3株価指数によるESG評価が高くても、親指数の業種時価総額の縛りがあるため、そのまま株価指数の比重になるわけではありませんが、ESG評価が高い企業は注目されるでしょう。3指数いずれも公開情報に基づいて格付けされるため、ディスクロージャーが良いと高評価を受ける傾向があります。

欧州投資家はESG意識が強いため、グローバルな株価指数の提供会社のESG指数に採用されないと、欧州投資家の投資対象にならなくなる可能性があるでしょう。

GPIFをはじめとするアセットオーナーがESG重視を鮮明にし、運用会社のファンドマネジャーも銘柄選別でESG情報を考慮せざるを得なくなると、株式市場でもESG要素が効き始めると予想されます。そうすると、ESG株価指数がTOPIXをアウトパフォームし始めるでしょう。みずほ証券でも2017年半ばから、アナリストの企業分析レポートにESG項目の分析を入れるようにしました。

COLUMN

外国人投資家が買いたくない会社とは?

外国人投資家、とくに米国投資家は、重厚長大産業は先進国がやるべき産業でないと考えているので、鉄鋼や造船などの業種に対する関心は低いといえます。重厚長大産業を煙突産業と呼ぶこともありますが、中国などの新興国に任せればいいと考えています。世界の粗鋼生産に占める中国のシェアは約5割に達し、日本はその8分の1に過ぎないため、グローバルにみれば粗鋼といえば中国企業であり、新日鐵住金やJFEホールディングスが多少の利益をあげても、外国人投資家からの評価は低いといえます。

また、時価総額が1000億円以下の企業、ROEが一桁の企業に対する関心も低くなっています。日本で時価総額が1000億円以上の株式を大型株と呼ぶことがありますが、巨額の運用資金を抱える欧米の大手運用会社にとっては、時価総額が1兆円以上ないと大型株とみなされない傾向があります。

議決権行使助言会社のISSは、低ROE国の日本の特殊性も鑑みて、ROE5%未満の企業の役員選任に反対するとしていますが、一般的な欧米投資家からすると、ROE10%未満の企業は株主価値を軽視しているので、おおむね投資対象外ということになります。

　ちなみに、金融業界の世界共通言語は英語なので、そもそも英語での情報開示がない企業を外国人投資家は嫌います。ドイツやイタリアなどの投資家と日本株の話をするときも、英語で済みます。

　以上をまとめると、ROEが上昇傾向にあり、時価総額が大きくなって株式の流動性も高まり、英語情報を開示しようという企業があれば、外国人投資家の投資対象になるため、自分が投資する候補として調べてみてもいいといえるでしょう。将来的に外国人投資家に上値を買ってもらえそうな中小型株を長期投資の観点から早めに仕込んでおけるのが、個人投資家の醍醐味でしょう。

外国人投資家の株の買い方はどういうパターンになっているのか？

日本株の売買シェアは約7割

さて、株価形成に影響を与えるのは、株式の保有ではなく、売買です。株式をいくら大量に保有していても、売買しなければ、株価への影響はありません。

近年、東証1部における外国人投資家の売買シェアは6〜7割で推移しており、2割強が個人投資家です（36ページ**図表1−3**参照）。「外国人投資家の売買シェアが高い」というと、回転売買の外国人投資家が多いような印象を与えますが、外国人投資家にはヘッジファンドや後述するHFT（High Frequency Trade）も含まれる一方、長期保有のロングオンリーの投資家も多くいます。ただ、ロングオンリーとはいえ、大手外国運用会社は運用金額が大きく、1回当たりの注文金額が大きいので、売買代金は大きくなる傾向があります。

これに対して日本勢はといえば、2割強の個人に続き、公的年金による売買が反映される信託銀行の売買シェアは3%程度に過ぎません。また、事業会社の自社株買いは日銀のETFと並ぶ株式需給の安定要因になっていますが、その売買シェアは1%に過ぎません。

株式需給はゼロサムゲームで、誰かが売らないと、他の投資家は買えません。**外国人が買い越し基調のときに、外国人投資家からは「国内投資家はなぜ自国株を売ってばかりいるのか」と聞かれることがありますが、それに対しては「あなたが買っているからだ」と答えたくなります。**メディアなどでは、外国人投資家の大きな日本株売買を喧伝しながら〝外

図表1-3 ◉ 投資家別の日本株の売買シェア

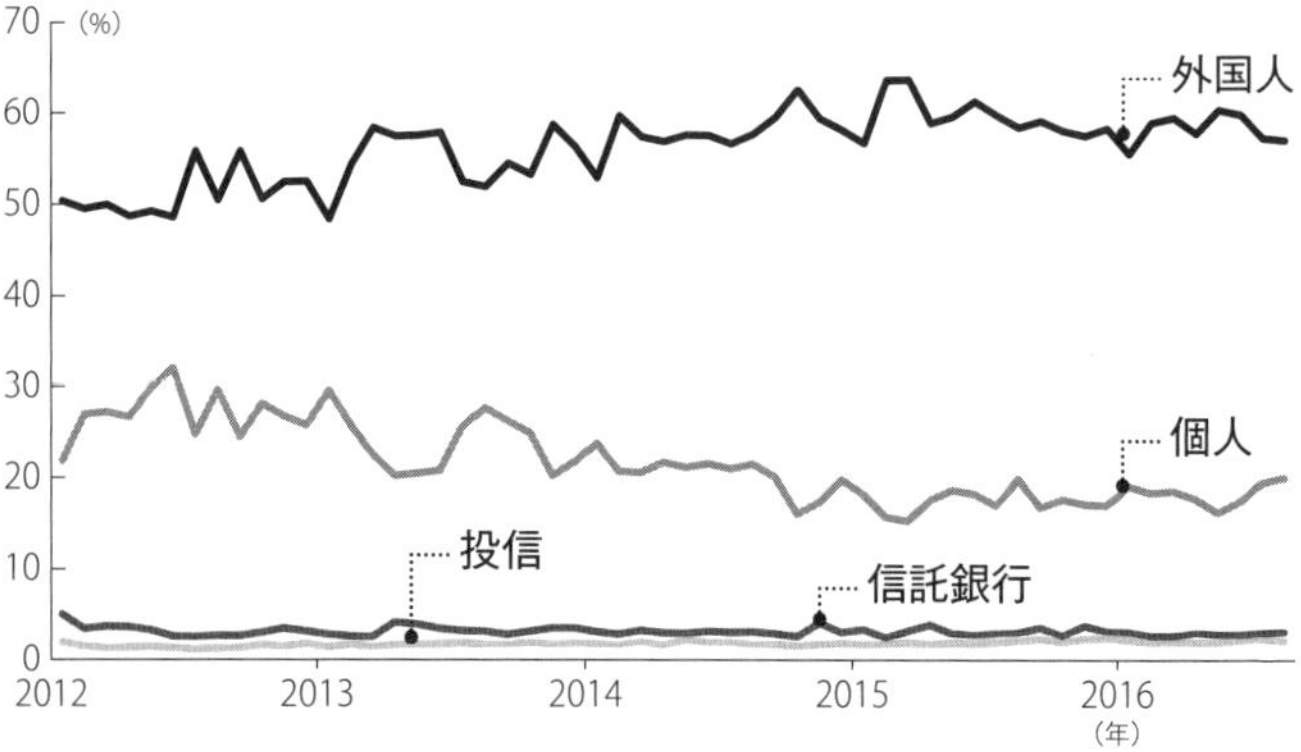

注：二市場合計、現物のみ
出所：東証よりみずほ証券エクイティ調査部作成

国人投資家にうまくやられている〟といった報道がなされることがありますが、多くの外国人投資家が買い基調であれば、日本勢（とくに個人投資家）が売るしかないわけですから、結果としてそのようになっているだけだともいえます。

このように、日本の株式市場は、外国人投資家と個人投資家がキャッチボールしているような市場なのですが、完全にどちらかが買って、どちらかが売っている関係ではないことにも注意が必要です。というのも、個人投資家はＩＰＯへの応募が多いので、ＩＰＯへの応募を考慮すれば、市場内取引データが示すほど売り越していないケースもあるからです。たとえば、２０１６年に個人投資家は市場内で３・３兆円の売り越しでしたが、ＩＰＯ調整後は２・２兆円の売り越しでした。

私は外国人投資家から、個人投資家の動向以外に、事業会社の自社株買い、ＧＰＩＦなど公的年金の資産配分、日銀のＥＴＦ購入など、外国人にわかりにくい日本の株式需給に関する質問を多くもらいます。

日銀のＥＴＦ購入は市場外で行なわれ、事業会社の自社株買いも市場から自ら買うことがある以外に、市場外取引や信託銀行経由で行なわれる場合があります。公的資金の多くの売買は信託銀行に含まれます。そうした日本の株式需給についての実態を年に1回ほど、長いレポートにまとめていますが、外国人投資家に好評です。また、年2回の欧米アジアの外国人投資家訪問を終えると国内機関投資家にその反応を伝えていますが、海外訪問中に他国の外国人投資家の日本株へのスタンスを聞かれることもよくあります。

ケインズは株式投資を美人投票にたとえましたが、投資家は誰もが他の投資家が何を考え、どんな投資行動を取っているか気になるのです。

外国人投資家の日本株売買の歴史

日本で資産バブルが崩壊した1990年以降、外国人投資家の2016年までの日本株の累積買い越し額（現物取引）は82兆円に達しました（**図表1－4**）。

これまでの最高買い越し額は、小泉純一郎元首相の下で郵政解散総選挙が行なわれ、構造改革期待が高まった2005年の10兆円超でしたが、第2次安倍政権が発足し、異次元の金融緩和が始まった2013年の買い越し額が15兆円となり、過去最高を塗り替えました。とくに、異次元緩和が始まった2013年4月には1カ月で2・7兆円と、普段であれば、外国人投資家の年間買い越し額にも相当する額の買い越しがありました。

逆に、外国人投資家が日本株を売り越した年は、資産バブル崩壊で金融危機の芽が出ていた1990年、ITバブルが崩壊した2000年、リーマンショックがあった2008

年などでした。直近では、２０１５～16年と2年連続の売り越しとなりましたが、2年連続の売り越しは１９９０年以降で初めてです。２０１７年も１～9月合計で、外国人投資家の買い越し額はゼロ近辺でしたが、10月には約４兆円も買い越しました。

　外国人投資家が日本株を継続的に買ってきた理由としては、①米国株をはじめとする世界株が右肩上がりだったため日本株に出遅れ感があった、②小泉元首相や安倍現首相をはじめ**政治家が外国人投資家に日本が良い方向に変わるとの期待をもたせるような政策をとってきた**、③コーポレートガバナンス改革を背景に日本企業が株主重視になってきていると評

図表1-4◉外国人投資家の日本株の年間買い越し額の推移

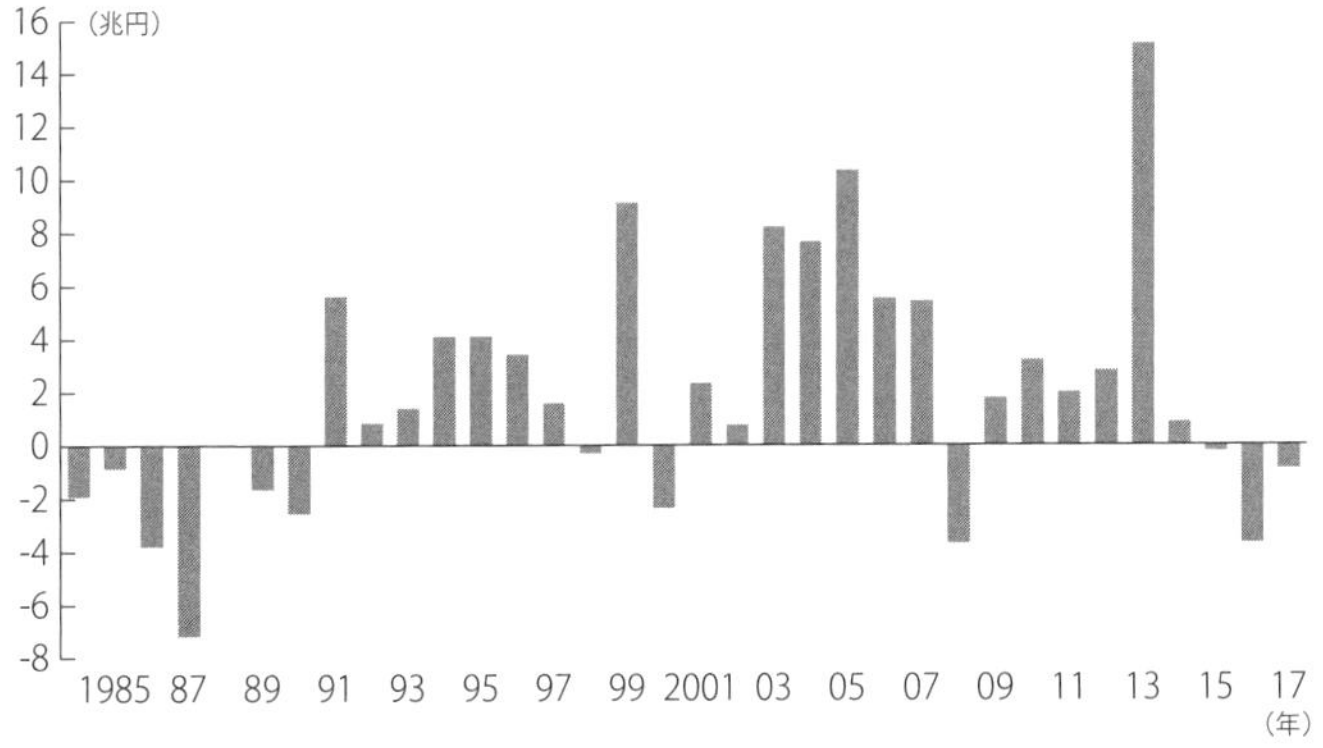

注：二市場合計、現物取引のみ、2017年は1月～9月第3週の合計
出所：東証よりみずほ証券エクイティ調査部作成

価された、④外国人投資家は世界株のベンチマークより自国株をオーバーウエイト（ホームカントリー・バイアスと呼びます）している投資家が多かったため、それを調整するニーズがあった、ことなどが挙げられます。

２０１５年は外国人投資家が日本株を売り越したのに、日経平均が上がった26年ぶりの年になりました。これを見て「日経平均の外国人離れが始まった」と喜んでいる人がいましたが、異次元金融緩和の成果への失望、構造改革の遅れへの懸念などが、外国人売りの背景にあるので、喜ぶことはできませんでした。また、外国人投資家の売りを、日銀のＥＴＦ購入が相殺しただけですので、永続性がある株式需給ではありません。２０１７年秋の外国人投資家の怒涛の日本株買いによる日経平均の急騰は、改めて外国人投資家の影響力の大きさを示しました。

強い季節的なアノマリーがある

外国人投資家の日本株売買には**強い季節性があり、４月に買い越す傾向がある一方、８～９月は売り越しであることが多くなっています（図表１－５）**。

外国人投資家が４月の現物取引で最後に売り越したのは２０００年で、２００１年以降、

4月は17年連続で日本株を買い越しています。4月にこれほどの買い越しが続くのは不思議な感じがしますが、強いアノマリーといえます。4月買い越しの理由をあえて考えると、１～３月は海外株が強いことが多く、出遅れの日本株への関心が高まる、4月の業績発表は慎重に発表されるため、業績上方修正期待が出ることなどが挙げられます。

一方、8月は２０１７年まで過去8年連続で売り越しています。9月も２０１６年までの過去10年のうち7回売り越しでした。7月のサマーラリーが終わった後の8～9月は海外でも株価パフォーマンスが悪い季節ですので、海外株安を背景に、外国人投資家が日本株を売るのは

図表1-5 ◉ 外国人投資家の日本株購入の季節性

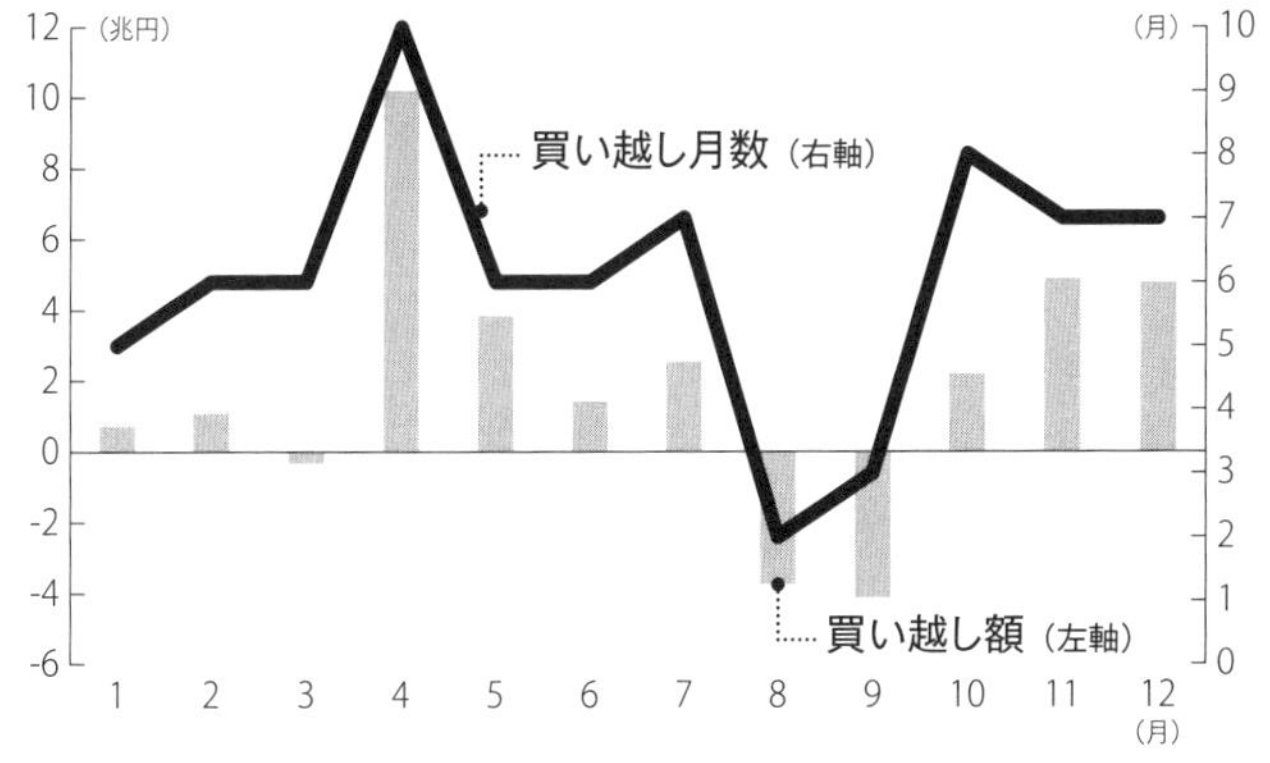

注：2006年～2016年の各月の合計、二市場合計の現物取引のみ
出所：東証よりみずほ証券エクイティ調査部作成

理解できます。1987年にブラックマンデーがあったのも10月でした。

個人投資家としては、外国人投資家の日本株売買の季節性を活用して、8~9月に買って4月に売る戦略などが考えられます（第5章参照）。

ベンチマークはMSCIが多い

日本の機関投資家は配当込みTOPIXを上回るパフォーマンスをあげることを目標に運用している人がほとんどですが、**外国人投資家ではMSCIをベンチマークにする投資家が多くなっています。**

MSCIのベンチマークの種類はマンデート（運用契約）によって異なります。①世界株運用であれば、ACWI（All Country World Index）、②米国株を除く外国株運用であれば米国を除くACWI、③欧州アジア株であればEAFE（Europe, Australia, Far East）、④日本株だけを運用するファンドマネジャーであればMSCI Japanをベンチマークにします。そのため、年4回実施されるMSCIの銘柄入替は、MSCIをベンチマークにする投資家のみならず、株式需給を重視するヘッジファンドからも注目されます。

多くの外国人投資家は低成長の日本株を構造的にアンダーウエイトしており、景気や企

業業績が良いときだけ、中立に近づけるケースが多くなっています（**図表１―６**）。２０１７年８月末時点で、ＭＳＣＩ ＡＣＷＩの日本株の中立比重７・６％に対して、運用会社の実際の日本株投資比重は６・１％と、ベンチマーク比で１・５パーセントポイント、アンダーウエイトしていました。ＭＳＣＩ ＥＡＦＥでは日本株の中立比重23・３％に対して、運用会社の実際の日本株投資比重は17・７％と、ベンチマーク比で５・６パーセントポイント、アンダーウエイトしていました。

なお、「ドル建て日経平均」（日経平均をドルベースに換算した値）という指標が、外国人投資家は日本の株式市場をどうみてい

図表1-6 ◉ 世界の投資家の日本株の投資比重とベンチマークの比重

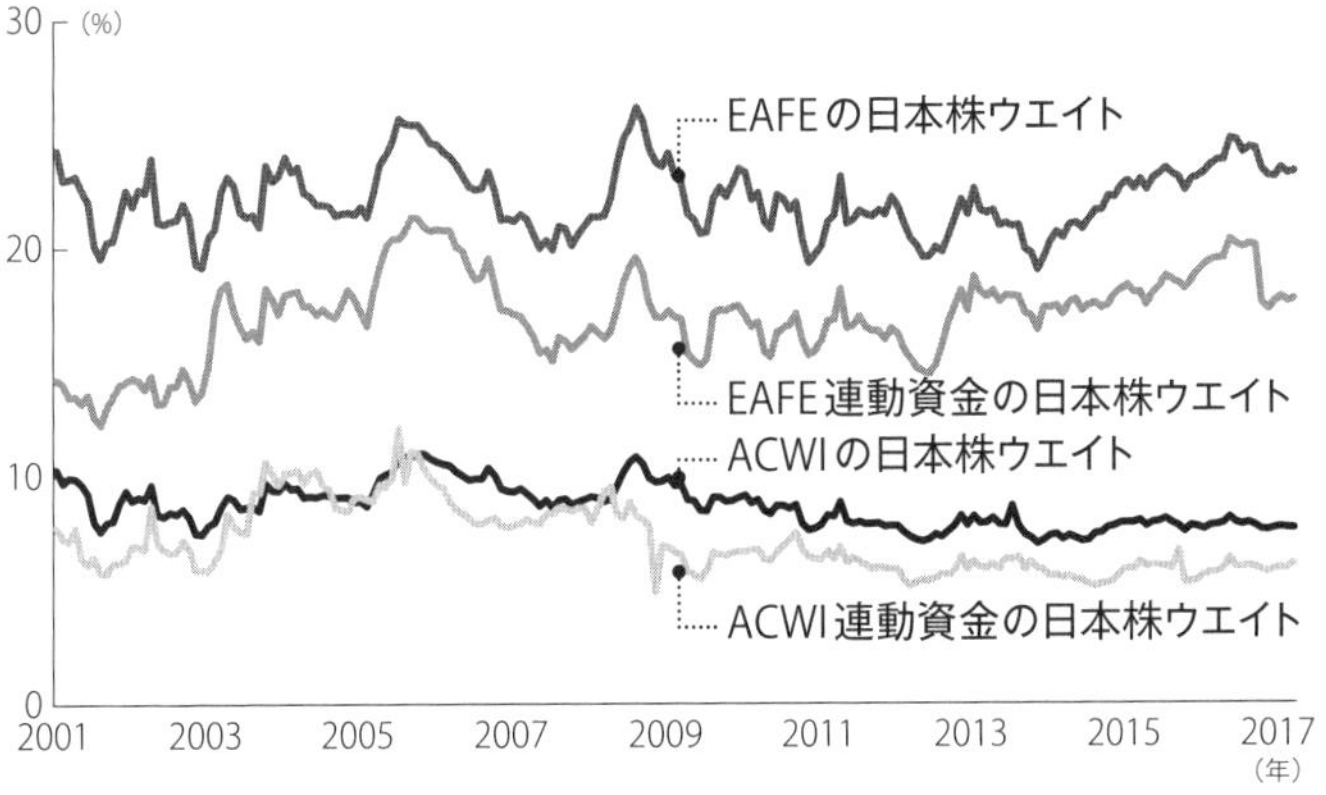

出所：EPFR Global、MSCIよりみずほ証券エクイティ調査部作成

るか、という文脈で話題になることがよくありますが、実は外国人投資家と話していてもその話題はまったく出てきません。なぜなら、多くの外国人ファンドマネジャーは日経平均を目標とするベンチマークとしていませんし、為替の管理もアセットアロケーション担当など株式運用部門とは別の担当者が行なうことが多いため、ドル建て日経平均などそもそも意識していないからです。

著名な外国人投資家の発言から動向を読む

日本の機関投資家からも発言が注目されている著名外国人投資家が何人かいます。著名外国人投資家の予想もいつも当たるわけではなく、ポジション・トークだったりすることもありますが、一貫した意見や独特の切り口が相場を考えるうえで役立ちます。

私はツイッターでトランプ大統領の発言を見ていますが、最近株式市場に影響を与える発言が少なくなっています。一方、運用資産1500億ドル（約16・5兆円）を持つ世界最大のマクロヘッジファンドであるブリッジウォーターの創業者のレイ・ダリオ氏のコメントのほうが相場の方向性を見るのに役立つかもしれません。

2017年8月にレイ・ダリオ氏は、「リターンはあるが、リスクもある。リスクは上昇していて、低リスクが織り込まれている」と述べました。また、ダリオ氏は、米国で株価が急落して不況に突入した1937年のような危機に陥るリスクがあると指摘しました。ダリオ氏は1937年のように、米国が経済・社会的に大きく分断されており、内部および外部のコンフリクトが高まり、ポピュリズムが台頭し、民主主義が脅されて、戦争も起こり得ると、トランプ大統領の政策に警鐘を鳴らしたのです。

ダブルラインという運用資産810億ドル（約9兆円）の債券ファンドの経営者であるジェフリー・ガンドラック氏も、そのマクロ的な見方が他の投資家から注目される著名投資家で、ビル・グロス氏に代わる新債券王と呼ばれています。

ガンドラック氏は2017年7月に、「金価格が転換点にきている。200日、50日、100日の移動平均をすべて上回ってきた。5年間の下落トレンドが変わった可能性がある」と述べた後、8月には「強気のドル年末予想のコンセンサスがこれほど間違っていたことはない。大きく売られ過ぎた後、小幅に上げた。こうした強気が残っているのは良いサインではない」と指摘しました。

世界最大の債券ファンドであるピムコの創業者だったビル・グロス氏は、経営権争いからピムコを辞めて、ジャナス・ヘンダーソンに移り、「ビル・グロスの投資見通し：いかに儲けるか」という月次見通しを会社のWebに掲載しています。

また、「Zero Hedge」というWebサイトでは、市場に影響を与えるさまざまなニュースに加えて、ヘッジファンド・マネジャーの見方などを知ることができます。ほかにも、英語が苦手な個人投資家であれば、**日本語で書かれた「フィナンシャル・ポインター」（http://www.financialpointer.com/jp/）というサイトが、内外の著名投資家や学者の見方をまとめてくれています。**

参考になるネットの公開情報はコレだ

外国運用会社に関する情報はインターネットで簡単に取ることができます（ある程度の英語力が必要です）。

外国運用会社は上場している会社も多く、インターネットからアニュアルレポートや四半期情報などを入手できます。また、大手運用会社は日本で公募株式投信を運用していることも多く、その場合は日本語サイトから、投信の月次報告書などを見ることができます。

運用会社のWebを見ると、沿革、運用哲学、グローバルな運用体制、運用資産の内訳などがわかります。一方、最も情報を取りにくいのは、上場していないヘッジファンドや中東の政府系ファンド（SWF）などでしょう。

フィナンシャル・タイムズの月曜版の別冊『FTfm』には、「FACE TO FACE」という運用会社を紹介するコラムがあります。運用会社の設立年、運用資産額、従業員数、本社所在地、CEO（最高経営責任者）の経歴や報酬（非開示のことも多々あります）、運用戦略や最近の経営状況などが掲載されます。

たとえば、2017年8月14日号は、フランスの保険会社AXA傘下のカリフォルニア州のクオンツ運用会社ローゼンバーグが紹介されました。この紹介記事によると、ローゼンバーグはパッシブ運用の台頭に対抗して、ESG（環境、社会、ガバナンス）、スマートベータ、テクノロジー、ビッグデータなどを組み合わせた新たなファンドや機関投資家向けの新たなカスタマイズ戦略を開発する方針のようです。

大量保有報告書で「投資の本気度」がわかる

大量保有報告制度は、市場の公平性・透明性を高め、投資家保護を徹底する目的で1990年に導入されました。国内投資家か外国人投資家かにかかわらず、保有率が5%を超えたときのみならず、1%ポイント以上の変動があった場合に、変更報告書を出す必要があります。

大量保有報告書を出した主な外国運用会社は、週末の『日経ヴェリタス』が掲載しますし、金融庁のＥＤＩＮＥＴで検索することもできます。

大量保有報告書を見る際には、掲載される投資目的が純投資か、経営に対して重要提案行為を行なう用意があるかを見極める必要がありますが、いずれにしても、大手運用会社が他社に手口がわかってしまう大量保有報告書を出すかどうかは大きな決断です。

したがって、**大量保有報告書を出すということは、大手運用会社がその銘柄の長期保有に自信があるということを意味し、５％を保有した後も買い増すことが多いため、個人投資家は大量保有報告書を見た後のコバンザメ投資が有効**かもしれません（第5章参照）。

日曜日に出る『日経ヴェリタス』は、その週に提出された主な大量保有報告書を掲載します。たとえば、２０１７年8月13日の『日経ヴェリタス』は、主な大量保有報告書として、インベスコ・アセットマネジメントが神奈川県のパソコン量販店のピーシーデポコーポレーションに新規提出、ブラックロックが焼き鳥チェーンの鳥貴族の保有比率を引き上げたと掲載しました。

日本株投資は「巨大な運用ビジネス」の一部

世界上位５００の運用会社の運用資産額合計は約８４００兆円

年金やファンドコンサル事業などを行なっているウイリス・タワーズワトソンは年に一度、「世界のトップ５００運用会社」という世界の運用会社の運用資産ランキングを発表しています（50ページ**図表１－７**）。２０１５年末時点で、世界のトップ５００運用会社合計の運用資産額は76・7兆ドル（約８４００兆円）でした。うち44・0兆ドルは北米で、欧州が25・1兆ドルだったのに対して、日本は4兆ドルに過ぎませんでした。

日本の合計運用資産は世界最大の運用会社であるブラックロックの1社分、約5兆ドルより小さいことになります。まだ日本という分類があるだけいいともいえますが、このまいけば、日本が「その他地域」に含まれる日も近いと思います。ちなみに、ブラックロックのこの運用資産額は2015年末の数字で、2017年3月末時点では5・4兆ドルになっています。5・4兆ドルは1ドル＝110円換算で594兆円ですので、日本の2016年度の名目GDPである537兆円より大きいということになります。

世界の運用会社を悩ますパッシブファンドの台頭

金融危機後の2009年に始まった世界的な強気相場のなかで、株価指数をアンダーパフォームし、運用資金をパッシブファンドに奪われたアクティブファンドが多くありました。アクティブファン

図表1-7 ◉ 世界の運用会社の運用資産ランキングと日本の運用会社の運用資産

2013年順位	2014年順位	2015年順位	会社名	市場	2013年末運用資産（10億ドル）	2014年末運用資産（10億ドル）	2015年末運用資産（10億ドル）
1	1	1	ブラックロック	米国	4,324	4,652	4,645
2	2	2	バンガード	米国	2,753	3,149	3,399
4	3	3	ステート・ストリート	米国	2,345	2,448	2,245
3	4	4	フィデリティ	米国	2,160	1,974	2,036
5	5	5	アリアンツ	ドイツ	2,393	2,189	1,926
6	6	6	JPモルガン・チェース	米国	1,602	1,749	1,723
7	7	7	BNYメロン	米国	1,583	1,710	1,625
8	8	8	AXAグループ	フランス	1,532	1,491	1,489
9	9	9	キャピタル・グループ	米国	1,339	1,397	1,390
15	11	10	ゴールドマン・サックス・グループ	米国	1,042	1,178	1,252
31	32	37	三菱UFJ FG	日本	635	647	594
33	36	33	三井住友トラストHD	日本	610	595	641
35	38	36	日本生命	日本	601	571	596
132	52	60	ORIX	日本	156	342	291
57	59	54	野村アセットマネジメント	日本	302	293	335
55	63	59	明治安田生命	日本	306	279	296
61	70	64	信金中金	日本	285	260	273
75	76	75	みずほFG	日本	228	227	226
80	84	78	住友生命	日本	222	198	208
104	101	100	日興アセットマネジメント	日本	161	156	142

注：2015年末時点の運用資産上位10社と500位以内にランクインした日本の運用会社の上位10社、三井住友トラストHDの2013年末は三井住友信託銀行、各年の前年末時点
出所：ウイリス・タワーズワトソン「世界のトップ500運用会社」よりみずほ証券エクイティ調査部作成

ドは、上昇相場より調整相場で株価指数をアウトパフォームする傾向があります。なぜなら、持続的な上昇相場では多くの銘柄が上昇し、ファンドマネジャーは銘柄選択の能力で差をつけにくいからです。

ＥＰＦＲグローバルファンド・データベースによると、２００２年以降、世界のパッシブファンドには約２・４兆ドル（約２６０兆円）の資金が流入した一方、アクティブファンドからは約２兆ドル（約２２０兆円）の資金が流出と対照的な動きになりました。ムーディーズは米国の運用資産に占めるパッシブ比率は現在の28％から、２０２４年に少なくとも過半に達すると予想しています。

日本でも日銀やＧＰＩＦなどによるパッシブ運用が増える一方、アクティブに運用する日本株投信の残高はあまり増えていません。日本のパッシブ運用比率（２０１７年８月時点）は75％と、米国の47％、欧州の33％に比べて高くなっています。英国を中心に、相場観と歴史観に基づくアクティブ運用は欧州投資家のお家芸といえますが、欧州でもブラックロックやアムンディなどによるパッシブ運用比率が高まっています。

世界の運用会社の運用資産で上位10社のうち８社は米国ですが、トップ３は、１位ブラックロック、２位バンガード、３位ステート・ストリートと、いずれもパッシブ運用を得意にする運用会社です。

「アクティブ運用は運用手数料が相対的に高いのに株価指数になかなか勝てない」との批判が出るなか、世界的に資金の流れはアクティブ運用からパッシブ運用にシフトしています。ただし、**銘柄に株価をつけているのはファンダメンタルズを調査して、自らのフェアバリューを決めて売買するアクティブ・マネジャーですので、アクティブ運用がなくなったら、株式市場は成り立ちません。**その点では、パッシブ運用は、アクティブ運用にただ乗りしているとの指摘もあります。

ちなみに、ブラックロックは日本株のアクティブ運用も積極的に行なっているので、われわれアナリストは米国出張の際にプリンストンの運用拠点を訪ねるのを常としていますが、バンガードは日本株のアクティブ運用を行なっていないので、私はペンシルベニア州にあるバンガードを訪れたことがありません。

米国の401k、英国のISAなどが外国人投資家の資金源

米国の運用会社の運用資産が大きいのは、経済規模が大きいこともさることながら、家計金融資産が日本のように預貯金に留まらずに、投信や株式で運用される比率が高いためです。投資信託協会が四半期に一度発表する「投資信託の世界統計」によると、2017

年3月末時点で米国の投信残高は19・8兆ドルと断トツの1位でした。2位はルクセンブルクの4・2兆ドル、3位がアイルランドの2・4兆ドルでしたが、ともにタックスヘイブン的な地位から、海外のファンドがルクセンブルクやアイルランドに籍を置くことが多いためであり、4位のフランスが実質的に2位といえます。

一方、日本の投信残高は1・6兆ドルと8位に過ぎず、9位の中国に将来的に抜かれるのは時間の問題でしょう。日本の私募を含む投信残高は2017年5月末に186兆円でしたが、公募投信残高に限ると、過去2年間100兆円程度で頭打ちになっています。

米国でこのように金融資産に占める株式の比率が高いのは、投信だけでなく、年金を通じて、株式市場へ資金が流れる仕組みができているからです。確定拠出年金（Defined Contribution を略してDCプラン、また401kと呼ばれます）の残高は、2005年の3・7兆ドルから2017年3月末に7・3兆ドル（約800兆円）と約2倍に増えました。民間部門の確定給付年金（Defined Benefit を略してDBプランと呼ばれます）は同期間に2・3兆ドルから3・0兆ドル、政府部門の確定給付年金は3・7兆ドルから5・5兆ドルに増えました。

一方、日本の確定拠出年金（日本版401kとも呼ばれます）の資産は2006年3月末の2兆円から2016年3月末に11兆円に増えましたが、米国の80分の1に過ぎません。確定給付企業年金は同期間に32兆円から58兆円に増えましたが、米国の民間部門の確定給付年金の約6分の1です。

日本が2014年にNISAを導入した際に参考にしたのは、英国のISA（Individual Savings Account）ですが、英国のISAは1999年に導入された後、順調に残高が増えて、2016年3月末に5180億ポンド（約72兆円）となりました。日本のNISAの累積買付額は2017年3月末に10・5兆円で、まだNISAの歴史が浅いため単純比較はできませんが、日本の人口が英国の約2倍であることを鑑みれば、日本のNISAは定着してきているとはいえないと思います。

巨大な政府系ファンド（SWF）も台頭

政府資金を裏づけとするファンドはSWF（Sovereign Wealth Fund）、日本語で政府系ファンドと呼ばれ、外国人投資家として影響力を増してきています。SWFに明確な定義はありませんが、日本のGPIFなど年金資金を裏づけとするファンドは含まれず、資源収入を裏づけとする中東のファンドや中国の外貨準備を裏づけとするファンドが含まれることが一般的です。

政府資金は国家秘密だとして、その残高や資産配分は開示しないSWFが多いのですが、米国の情報会社であるSWF Instituteが独自調査で、SWFのランキングを掲載しています。詳細なデータは有料ですが、**運用資産のランキングはSWF InstituteのWebで誰でも無料で見ることができます。**

それによれば、1位はノルウェーの石油を裏づけとする政府年金基金（Norges Bankと呼ばれます）で、運用資産9221億ドル（約100兆円）です。Norges Bankは例外的に開示が良いSWFで、保有している日本株の個別銘柄も開示しています。

運用資産2位はUAE（アラブ首長国連邦）のADIA（アディアと呼びます）の8280億ドル（約91兆円）です。ADIAは先進的な運用をしており、日本株のアクティブ運用にも積極的なので、大手証券のアナリストやセールスが度々アブダビまで訪れますが、本社は洒落た巨大なビルで、アブダビの人工的ながらも綺麗な海がよく見えます。

3位は中国の外貨準備を裏づけとするCIC（China Investment Corporation）の8138億ドル（約90兆円）です。数年前にチャイナマネーの日本株投資が話題になり、私も北京のCIC本社を訪問したことがありましたが、期待ほど日本株投資を増やしませんでした。

運用資産5240億ドル（約58兆円）で4位のKIA（Kuwait Investment Authority）は、クウェートとロンドンの両方から日本株運用を行なっています。

5位のサウジアラビアのSAMA（Saudi Arabia Monetary Authorityの略で、サマーと呼びます）は運用資産5140億ドルとのことですが、最も秘密性に富んだSWFといえます。サウジアラビアに入国するためには、厳しいビザの審査があります。中東のSWFは自ら運用している資産と、欧州や日系運用会社に委託している部分がありますが、委託運用では絶対リターンに厳しいことで知られます。

スケールメリットがますます大切になる運用会社

日本には上場運用会社はスパークス・グループしかありませんが、海外では世界最大のブラックロックをはじめ、上場運用会社が多数あります（**図表1－8**）。運用会社が上場することの是非については、日本でも上場生保と相互会社の生保があるのと同様の議論があります。

非上場だと株主を気にせずに、資金委託者の利益だけを考えて長期運用できるメリットがあります。また、運用会社も上場すると、銀行のようにPBR1倍割れになることがあるので、自社株を受け取る従業員にとっては、非上場のままPBR1倍で評価されたほうが良い場合があります。なお、非上場の大手運用会社のシニアパートナーになると、毎年積み上がる利益から配分をもらい、引退時に巨額の退職金を手にする人がいます。

一方、上場運用会社だと、外部株主によるガバナンスが効きやすいというメリットがあります。また、自社株を使ったM&Aをしやすいこともメリットです(反対に、買収のターゲットにされる恐れもあります)。

上場運用会社のデメリットとしては、厳しいディスクロージャーが求められるので、経営戦略や経営状況が競合他社に知られやすくなること、株価が下がり続けると負け組運用会社とのレッテルを貼られることがあります。

ただ、世界的に運用会社はスケールメリットが一層強く働くようになっており、**巨大化する大手運用会社か、小規模でもニッチで特徴ある運用会社しか生き残れなくなる可能性があります。**

図表1-8◉上場運用会社の時価総額比較

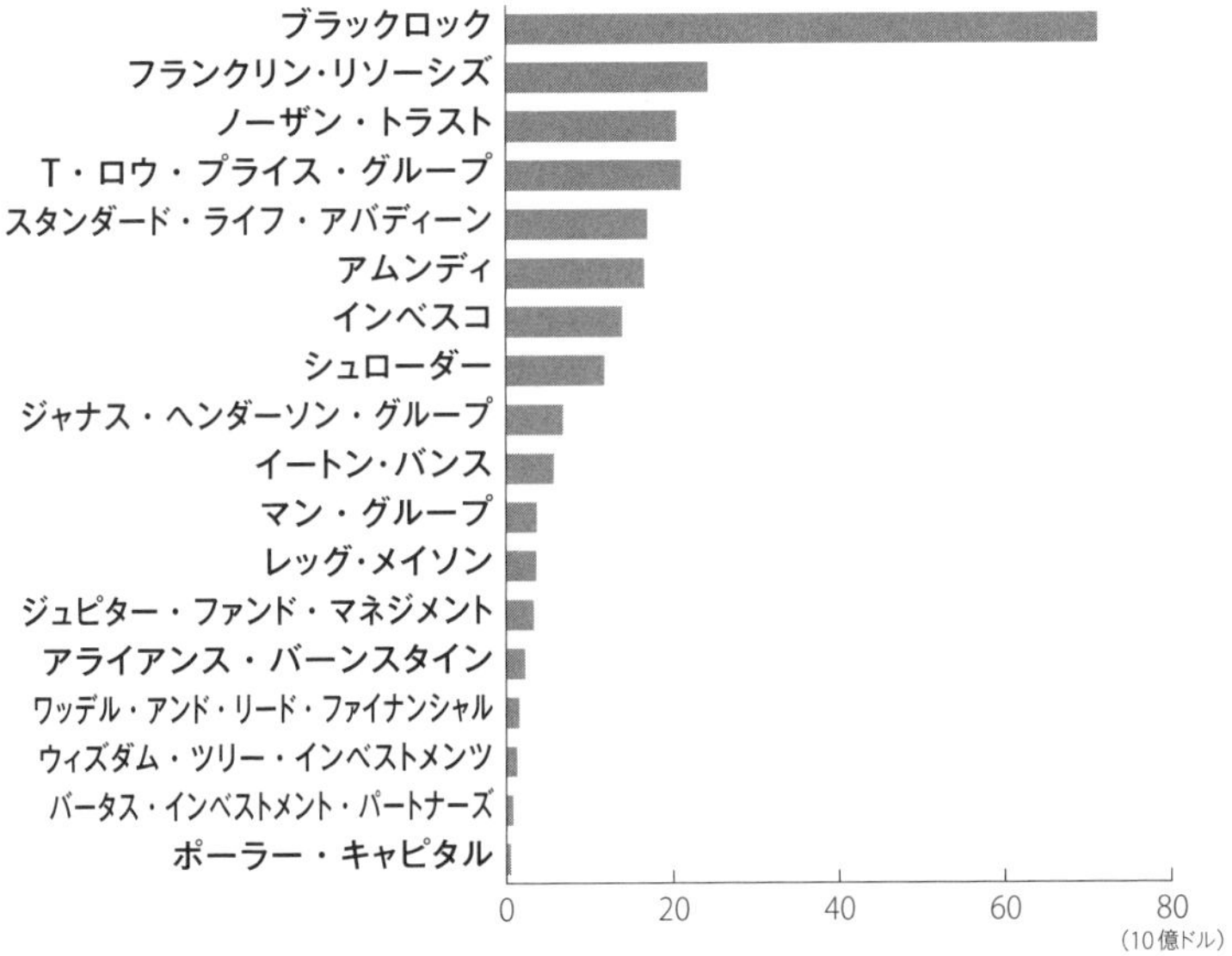

注:2017年9月25日時点
出所:ブルームバーグよりみずほ証券エクイティ調査部作成

COLUMN

欧米に出かけるときには忘れずにハルシオン

私は欧米アジアに年2回ずつ、外国人投資家を訪問します。合計6回ですが、これ以外にアジアに調査目的で年2回出張するので、海外出張回数は年8回となります。

こう書くと、こちらが取材に行くと勘違いしている人もいますが、多くの外国人投資家は取材を受けるほど暇ではないうえ、ロープロファイル（マスコミに出ない）を維持したいという人もいます。

外国人投資家が証券会社のアナリストに会うのは、「何らかの投資のヒント、儲けるチャンスがある」と考えてのことです。

1回当たりのミーティングは原則1時間で、30分ほどこちらからプレゼンテーションをして、30分ほど質疑の形態がほとんどです。話がつまらないと、短気なファンドマネジャーに20〜30分で帰るように言われることもあります。相場が大きく動くと、せっかく海外出張しているのに、直前にミーティングがキャンセルされることも少なくありません。また、大きな運用資金を持つ外国人投資家ほど電話に出ないので、アポイントを入れるセールスは大変です。

海外投資家訪問では通常1日5～7件のアポを朝から入れていて、毎回同じ話を英語でしないといけないので、日本にいるときより睡眠をとる必要があります。日本では4～5時間の睡眠で十分ですが、海外では5～6時間寝たい希望があります。

私の場合、昔はお酒を飲めば寝られましたが、最近は睡眠導入剤が欠かせません。長年愛用しているのはハルシオンです。即効性に優れ、効果が強めです。人によっては飲んでから、15～20分で眠れるそうですが、私は最近飲んでから1時間寝られないこともあります。本当はお酒と一緒に飲んではいけないとの意見もあるらしいですが、私はお酒を飲んでハルシオンを飲みます。

最近、日本でも睡眠不足よりも「睡眠負債」という言葉が使われ始めました。良質の睡眠への関心が高まっているようで、西野精治スタンフォード大学睡眠生体リズム研究所所長が書かれた『スタンフォード式　最高の睡眠』（サンマーク出版）がベストセラーになりました。

貪欲に利益を狙うヘッジファンドとHFT

1万以上あるヘッジファンドの運用資産合計は250兆円

ヘッジファンド・データベースのユーリカヘッジ（現在はみずほ銀行の子会社です）の2017年8月のレポートによると、世界のヘッジファンドからは2016年に551億ドル（約6兆円）が流失したものの、2017年上期に556億ドル流入しました。これに好パフォーマンスによる資産増加の330億ドルが加わり、資産合計は885億ドル増の2・31兆ドル（約250兆円）に増えました。また、2017年上期に348のヘッジファンドがローンチされた一方、364のヘッジファンドが閉鎖されたため、世界のヘッジファンド数は1万1347になりました。

日本ではヘッジファンドというとあまり良いイメージは持たれていませんが、**世界には**

1万以上のヘッジファンドがあるということです。運用資産規模別では5000万ドル以下のヘッジファンドが56%と過半数を占め、1億ドル以上のヘッジファンドは28%、うち10億ドル以上のヘッジファンドは2%に過ぎませんでした。

ヘッジファンドは長期間生き延びるのがむずかしいといわれますが、トラックレコード（運用実績）の中央値は5・1年でした。10年以上の運用実績があるヘッジファンドは全体の29%で、20年以上となると約3%に過ぎません。

ヘッジファンドの高い運用手数料に対する批判が出ていますが、平均マネジメント・フィーは2016年の1・4%から2017年上期に1・3%に低下した一方、平均パフォーマンス・フィーは同期間に16・9%から18・0%に上昇しました。運用残高に応じた固定手数料を課す一方、儲けの2割弱をもらうヘッジファンドが多いことを意味します。

ヘッジファンドは英米に集中

ヘッジファンド資産の地域別残高では北米が67%、欧州が23%と両地域あわせて9割を占め、日本を除くアジアは7%、日本は1%もありません（62ページ**図表1－9**）。日本のヘッジファンド残高は2017年7月末時点で175億ドル（約1・9兆円）でした。ユーリカヘッジがみずほ銀行の子会社なので、「日本」という分類がまだ残っているものの、みずほ銀行の子会社でなければ、日本というヘッジファンドの分類はなくなっていたかもしれません。

ヘッジファンドのオフィスがある場所としては48％が米国、19％が英国、6％がスイス、4％が香港、3％がルクセンブルク、2％がシンガポールでした。

ヘッジファンドは、下げ相場でも収益を上げるということを標榜していますが、そのための運用手法別の残高では、35％がロング・ショート、16％がマルチ戦略、11％がCTA／マネージド・フューチャーズ、9％がイベント・ドリブン、7％強が債券、7％弱がマクロ、6％がアー

図表1-9 ◉ 地域別のヘッジファンド残高

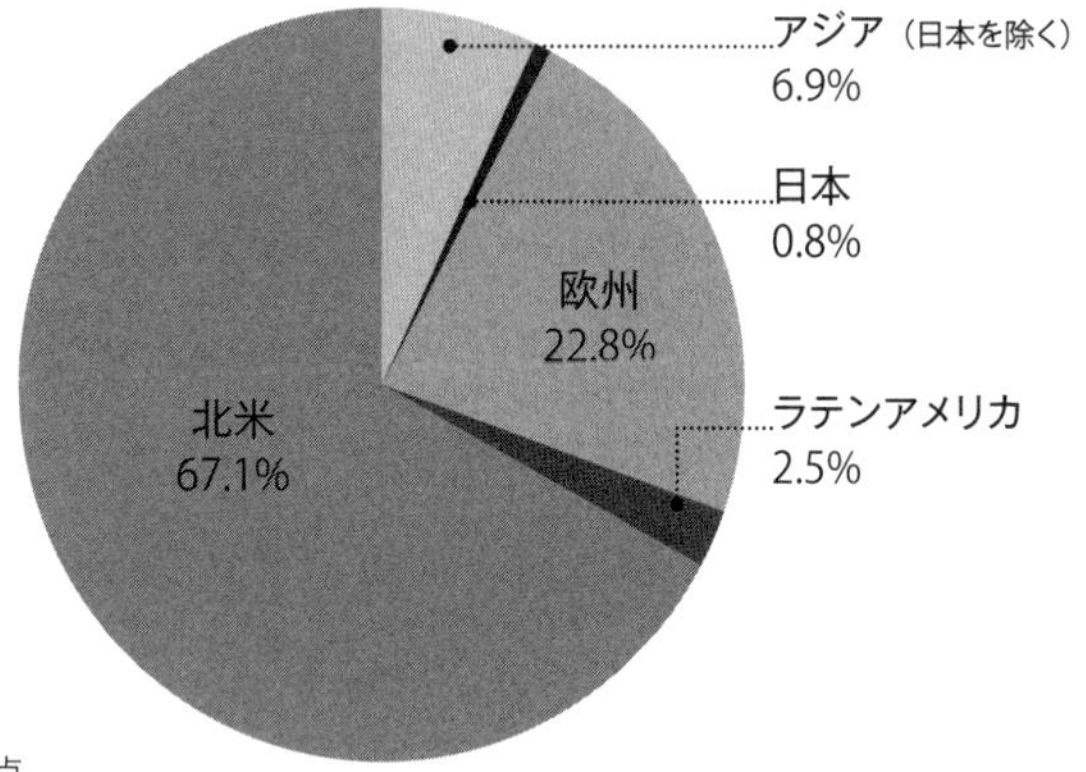

注：2017年7月時点
出所：Eurekahedgeよりみずほ証券エクイティ調査部作成

ビトラージでした。

ロング・ショートとは個別銘柄に注目してロングとショート・ポジションを組む手法で、業種横断的にやる場合と、同一業種内で、たとえばトヨタ自動車をロング＆ホンダをショートといったポジションを組む場合があります。CTA／マネージド・フューチャーズは、個別銘柄は売買せずに、株価指数やコモディティなどの先物指数を売買します。イベント・ドリブンは、M＆A、自社株買い、増資など企業のイベントに注目して取引する手法、アービトラージは裁定取引です。

2017年上期の資金フローは、アービトラージ、CTA／マネージド・フューチャーズ、債券の順に資金流入額が大きかった一方、ディストレスデット（破綻寸前あるいは破綻企業の債券への投資）が大きな資金流出に見舞われました。2017年上期のパフォーマンスはイベント・ドリブンが6・7％で最も良く、ロング・ショートの6・4％が2位、マルチ戦略が6・1％で3位だった一方、ボラタイルなコモディティ市場を反映して、CTA／マネージド・フューチャーズのみマイナスのリターンでした。

世界最大のマクロヘッジファンドは運用資産1500億ドル（約16・5兆円）を持つブリッジウォーターですが、私は訪れたことがありません。マクロヘッジファンドは先物中心の売買なので、証券会社にとって利益が出る顧客ではないためです（ただし、米国のチューダーやソロス・ファンドなどには何度か訪れたことがあります）。

日本株の個別ロング＆ショートでは、ミレニアムやポイント72などが大手ヘッジファンドです。１９８９年に創業されたミレニアムはニューヨークを本拠とするグローバルなヘッジファンドで、２０１７年７月時点の運用資産は３４３億ドル（約３・８兆円）で、従業員は２２００人以上います。ポイント72は１９９２年にスティーブン・Ａ・コーエン氏によって設立されたヘッジファンドで、昔のファンド名は氏名にちなんだＳＡＣでしたが、顧客資金を返却して、自己資金だけの運用に集中することにした際にファンド名を変更しました。日本人によって経営されているヘッジファンドでは、日本のホライゾン、シンガポールのＫＩＭＣＯなども、比較的規模が大きいヘッジファンドです。

ＨＦＴの実態とは？

注文の開始、タイミング、価格、数量、発注後の管理など注文のパラメーターについて、人手の介入をなくして、コンピューターのアルゴリズムが自動的に決定する金融商品の取引をアルゴリズム取引といいますが、そのなかでもミリ秒（１０００分の1秒）単位の高速でさや抜きを繰り返す取引はＨＦＴ（High Frequency Trading）と呼ばれます。

米国では、約定株数の約5割、欧州では約定額の約4割がHFTによるものと推計されています。米国ではシタデルやバーチュ・フィナンシャルなどがHFTの大手です。

過去10年間HFTは米国市場を席捲してきましたが、近年は株式市場のボラティリティ低下やシステム開発コストの増加などで、業績が悪化しました。

一方、**日本では2010年1月に東証で、1ミリ秒単位の高速株式売買システムであるアローヘッドが稼働したことで、HFTが流行り出しました。**高速で注文を出すためには、ケーブルの物理的な距離を短縮することも重要なため、東証は取引所の売買システムに近接した場所に運用会社のサーバーを設置して、より速く注文を出せるコロケーション・サービスを有料で開始しました。東証の売買に占めるコロケーション比率は注文件数ベース(取消、変更を含む)で6~7割、約定件数ベースで4~5割です。これらの比率が日本におけるHFT比率とみなされます。

HFTの功罪

HFTは株式市場に流動性を供給するという役目がある一方、相場の動きによっては必要以上にボラティリティを高めるとの批判や、資本力のある者だけが高速取引で儲けてい

るのは不公平との感情論もあります。

海外のアカデミックな調査でも、ＨＦＴの市場への影響については明確な結論が得られていません。しかし、２０００年5月6日に米国株式市場でニューヨーク・ダウが数分間に１０００ドル近く急落するという「フラッシュクラッシュ」が起きたことで、アルゴリズム取引の監視や規制を強化しようという動きが出ました。

日本においても、２０１７年5月に成立した改正金融商品取引法で、①ＨＦＴを登録制にする、②ＨＦＴへの取引記録の作成と保存を義務づける、③証券会社や取引所は無登録のＨＦＴからの注文の取次ぎを禁止する、といったルールを規定し、１年以内に実施されることになりました。

金融庁の佐々木清隆総括審議官は、「株式取引はＩＴとの親和性が高く、われわれも常に技術発展への対応を迫られてきた。すでにＡＩによる取引も始まっている以上、規制する側もＡＩで対抗する必要がある」と述べています（日本経済新聞２０１７年7月24日）。

金融庁はＨＦＴの規制に前向きな一方、上場会社である日本取引所グループは、コロケーション事業が収益源の一つであるため、規制に消極的という立場の違いがあります。

ヘッジファンドは厳しい世界

ヘッジファンドは巨額の利益を得られる可能性がある一方、大損をしてクビになるリスクもある厳しい世界です。

たとえば、運用資産が1000億円でたまたま相場が良かったときに、20%のリターンをあげて、キャピタルゲインの20%をもらえれば、40億円の利益が得られます。これはヘッジファンドのオーナーの場合の話で、ファンド組織には情報収集やコンプライアンスなどさまざまなコストがかかりますので、雇われのファンドマネジャーの場合は、こうした費用を引いた後に、自分で儲けたキャピタルゲインの一部が会社から渡されます。

配当政策の配当性向は英語でペイアウトレシオと呼ばれますが、ヘッジファンドの世界でも、儲けた利益の何割がファンドマネジャーに返ってくるかは、単純にペイアウトと呼ばれます。ペイアウトが高いヘッジファンドに転職しようという人は少なくありませんが、ペイアウト比率が高いファンドほど、クビになるリスクも高い傾向があります。

ヘッジファンドの存在意義は、下落相場でも空売りで安定した利益を出すことにあります。そのため、**年金などスポンサーも、株式や債券など伝統的資産との相関係数が低いヘ**

ッジファンドを評価しています。ただ、保守的な年金などから運用資金を任せてもらうためには、リスクを抑えながら、安定したトラックレコードを出すことが必要です。

ヘッジファンドはグループ運用が行なわれているチームもあれば、個々のファンドマネジャーの裁量が大きく、個人商店の集まりのようなファンドもあります。パフォーマンスは毎日測られて、数カ月悪いパフォーマンスが出るとイエローカードが出されて、また数カ月悪いとレッドカードで退場、すなわち解雇される場合があります。私が知っているケースでは、ヘッジファンドに転職して1年も経たないうちに、解雇された人もいました。

一方、若くしてヘッジファンドで大金持ちになり、40歳前後で引退し、悠々自適の生活をしている人もいます。

COLUMN

成功するファンドマネジャーとは？

　長くヘッジファンドを続けられる人には、何らかの強みがあります。精神的にタフで、動物的な相場観、勉学に裏づけられた歴史観があったり、相場つきの変化を読むのがうまく、他人と違う考え方ができたりするようなファンドマネジャーが成功を手にする傾向があります。

　株式の売買手数料をたくさん払ってくれるファンドマネジャーには、証券会社がこぞって電話しますが、そうしたときにも大柄な態度を取らずに、つまらない話のなかからも何らかの相場のヒントを見つけようとするなど、聞き上手のファンドマネジャーが成功するようです。

　また、ヘッジファンドのファンドマネジャーは株式取引がある9～15時まで働けばいいのではなく、相場が引けた後も、企業やアナリストとのミーティングを行ない、17時以降は決算短信や説明会資料などを読み込み、決算期には数百社の資料を読むような人がいます。みなが他人を出し抜こうとする相場のなかで、一貫したパフォーマンスを出し続けるファンドマネジャーは、人に見えない努力を積み重ねています。

以前は会社の業績発表前にアナリストが会社に取材して、大手投資家に伝える慣行がありましたが、そうしたプレビュー取材が禁止されたことで、業績発表直後に株価が大きく動くようになりました。発表された業績の見極めが、ファンドマネジャーの腕の見せどころです。

私は投資家に夏や年末年始の後に「休みはどうされていましたか」という季節の挨拶をしますが、あるヘッジファンドのファンドマネジャーはハワイで夏休みを過ごしているときにも株式の売買をし、別の外国運用会社のロングオンリーのファンドマネジャーは欧州旅行中も日本の後場に注文を出していたと言いました。私のやっているようなリサーチの仕事だと、レポートを書けば終わりという面がありますが、相場を追い続ける現役ファンドマネジャーは気の休まる機会がないようです。

第2章

いま外国人投資家は日本経済と株式市場をどう見ているのか？

外国人投資家は日本経済のココに注目している

外国人投資家が注目するマクロ経済指標はこれだ

日本は製造業が多いので、景気循環の観点からは、世界景気が良くなる（強くなる）との見通しが出ると、業績拡大期待から、外国人投資家が日本株を買う傾向があります。世界経済の強さを示す指標としては、米国のＩＳＭ製造業指数、ＯＥＣＤ景気先行指数、米国の10年国債利回りなどが重視されます。

また、**米国10年国債利回りと日本株の世界株価指数に対する相対パフォーマンスとの相関が高くなっています**（**図表２－１**）。その理由は、①米国経済が強いと米国の10年国債利回りが上昇、②日本企業の米国事業の収益が良くなると同時にドル高円安にもなる、③日本から米国への輸出が増える見通しが出る、ということです。２０１７年9月も、米国

10年国債利回りの反発が外国人投資家の日本株買いのきっかけとなりました。

日本独自の経済指標としては、消費者物価、鉱工業生産と在庫サイクルなどが注目されています。

日本の輸出に占める中国向け比率は米国向けと同じ約2割なので、中国経済の足元の強さを示す指標として中国のPMI指数が注目されます。ただ、中国のマクロ経済統計は信頼性が低いので、コマツが毎月Webに発表する中国の建機の稼働時間に注目する投資家もいます。そして、中国株は空売りしにくいので、中国経済が減速すると日本の製造業の株を売る外国人投資家がいます。

日銀の異次元金融緩和はあまり効果が

図表2-1 ◉ 米国10年国債利回りと日本株の世界株価指数に対する相対パフォーマンス

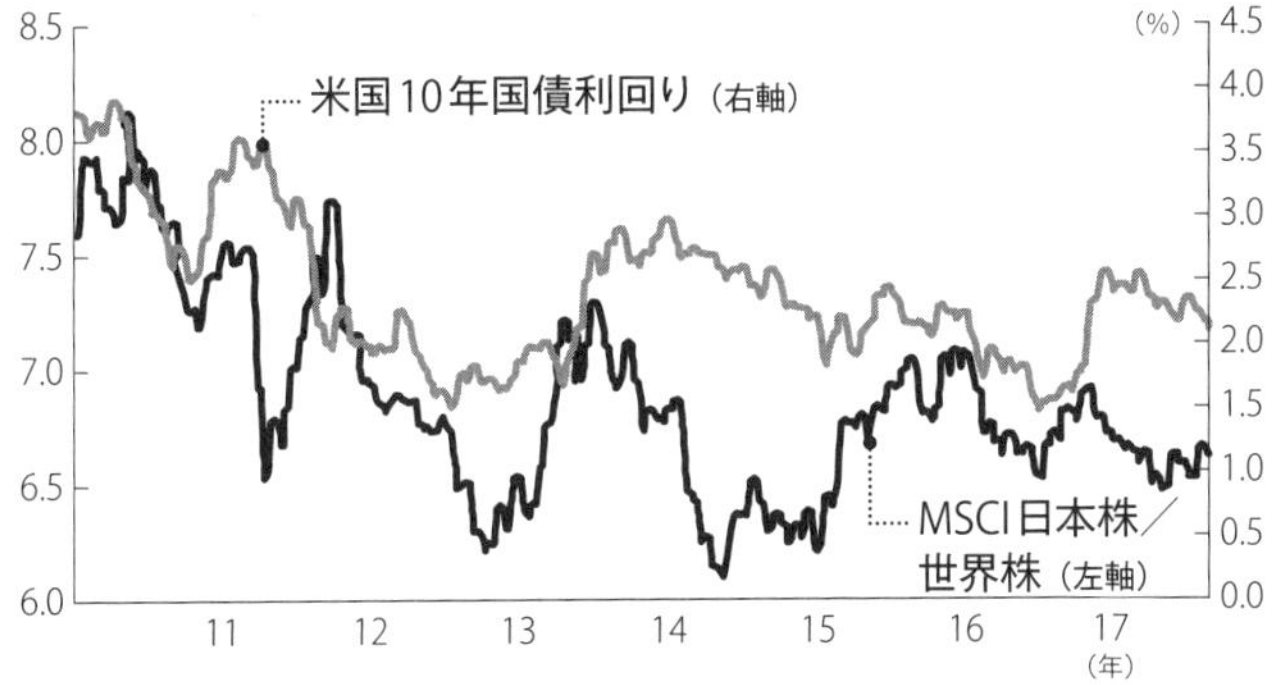

注：2017年9月27日時点
出所：ブルームバーグよりみずほ証券エクイティ調査部作成

ないと見られ始めているので、マネタリーベースや銀行貸出などの金融指標への注目度は低下しました。

小売業はサブセクターや個別企業それぞれの強みや弱みによって業績動向が大きく違うので、米国と異なり、全体としての小売売上は注目されず、個別企業の既存店売上が取引材料になっています。

異次元の金融緩和に期待したものの…

外国人投資家は地域によって、金融政策の効果に対する見方が分かれています。米国には金融の量的緩和でインフレ率が上昇し、景気も良くなると考えるマネタリスト的な投資家が多くいます。一方、ドイツでは金融緩和は実体経済に影響を与えないと考える投資家がほとんどです。英国にも金融緩和より構造改革が重要と考える投資家が多い印象です。

2012年12月に第2次安倍政権が樹立し、2013年4月に黒田東彦日銀総裁が就任し、2%の物価目標達成に向けて、異次元の金融緩和を始めました。異次元の金融緩和はアベノミクスの3本の矢の1本ですので、安倍首相と黒田総裁は一心同体とみなされました。異次元金融緩和策が成功すると、名目金利が低下する一方、予想インフレ率が上昇し、実質金利が低下し、設備投資が増えると考えられました。資産効果を通じて株価が上昇して、個人消費が良くなる、内外金利差の拡大で円安になり、輸出が増え、製造業が生産拠点を国内に回帰させると予想されました。銀行は保有国債を日銀に買い取ってもらうことで、貸出を増やすと期待されました。

こうした期待を背景に、２０１３年４月の外国人投資家の現物での日本株買い越し額は、２・７兆円と過去最高になりました。２０１２年11月に１ドル＝80円台だった円ドルレートは、２０１５年５月に一気に１００円台に下落し、日経平均も同期間に８０００円台から１万５０００円台まで急騰しました（ただし、円安は異次元金融緩和の成果ではなく、過大だった円高が修正されただけとの醒めた指摘もありました）。

２０１４年10月末の日銀の追加緩和とＧＰＩＦの資産配分の見直しの同時発表、２０１４年11月の消費税引き上げ延期決定は三大バズーカと呼ばれました。２０１４年11月の外国人投資家の現物の買い越し額は１・２兆円でしたが、先物を合わせた買い越し額は３・０兆円と、月間過去最高になりました。

金融緩和策への評価は低下してきている

日銀は年間国債購入額の目処を２０１３年４月の60兆～70兆円から、２０１４年10月に約80兆円に拡大しました。２０１６年２月にはマイナス金利政策を導入し、２０１６年９月に10年国債利回りを０％前後に固定するイールドカーブ・コントロール政策を導入しました。日銀の国債残高は２０１３年３月末の１２５兆円から、２０１７年８月末に４３５兆円に増えて、国債残高の約半分を保有するまでに至りました。

ＥＴＦ購入額も２０１３年４月の１兆円から、２０１４年10月に３兆円、２０１６年７月に６兆円に拡大し、ＥＴＦ保有残高は１・５兆円から15兆円と10倍に増えました。

この結果、日銀の総資産は１６４兆円から５１０兆円へ拡大し、名目ＧＤＰに匹敵する規模になりました。これに対して、米国ＦＲＢのバランスシートは２０１７年８月末に４・４５兆ドル（約４９０兆円）と日銀より小さいのに、９月のＦＯＭＣでバランスシートの縮小を決めました。米国の名目ＧＤＰは日本の約４倍ですので、中央銀行資産のＧＤＰ比で、日本は米国の約４倍を意味します。

原油価格の下落などのインフレにネガティブな要因はありましたが、２０１７年前半も日本のコア消費者物価上昇率は0・5％以下と、目標の2％にはるかに届かない状況が続きました。黒田総裁は当初2年程度で達成するとしていた2％の物価目標達成時期を6回延期し、2017年7月時点では2019年度ごろとしています。いくら**量的緩和を増やしても、物価が思うように上がらないなかで、異次元緩和の効果に対して、外国人投資家も疑問を抱くようになってきました。**

マイナス金利の効果については当初から賛否両論がありましたが、2016年2月に外国人投資家は現物で約2兆円売り越したので、その効果に疑問を呈したといえましょう。イールドカーブ・コントロール政策を導入した2016年9月も、外国人投資家は1兆円の売り越しでした。日銀による巨額の資産購入は外国人投資家からの評判が悪いので、仮に黒田日銀総裁の後任がETF購入額を減らす決定をしても、外国人投資家に歓迎されて、日経平均は大して下がらないと思います。

外国人投資家から批判される日銀のETF購入

日銀のETF購入については、年間購入額を2016年7月に6兆円に拡大してから、外国人投資家からの批判が強まった印象です。2012年12月に第2次安倍政権が始まってからの累積購入額は２０１７年８月末時点で15兆円と、日銀のＥＴＦ購入額は外国人投資家の日本株累積購入額を上回りました（**図表２－２**）。

アベノミクス下での外国人投資家の日本株累積購入額は、２０１５年半ばの20兆円超をピークに、以後は減少傾向となりました。また、個人投資家は売り越し傾向が続いており、**外国人と個人投資家が日本株を売る一方、日銀が最大の買い手になっているということは株式市場の社会主義化を意味し、外国人投資家から健全でないと見られています。**

日本株に限らず、米国株もボラティリティが低下していますが、２０１７年前半に日経平均が長期間２万円前後で推移

図表2-2 ◉ 日銀のETF購入額合計と外国人投資家の日本株累積購入額

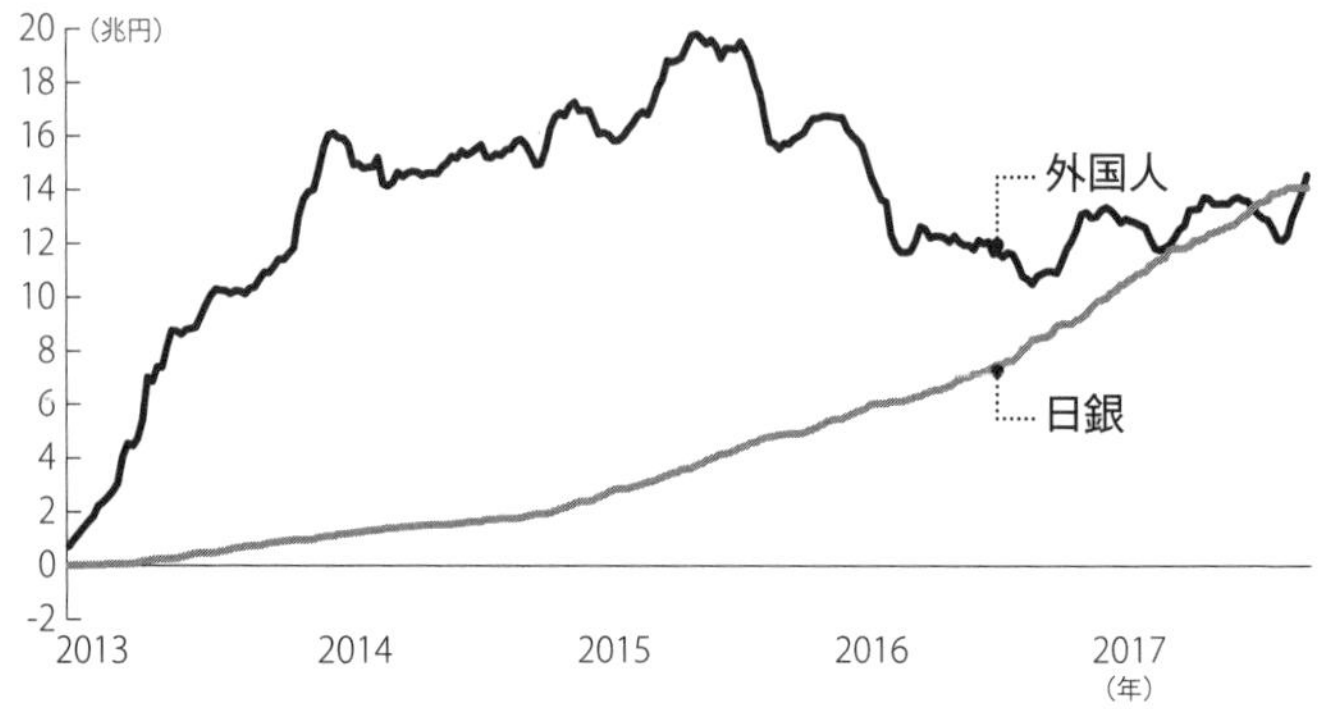

注：二市場合計の現物取引のみ、日銀はETF購入額（設備・人材投資に積極的な企業のETFを除く）、2017年10月第4週時点
出所：東証、日銀よりみずほ証券エクイティ調査部作成

したことは、日経平均が下がれば日銀が買って下値が抑制される一方、上値を買う投資家がいないことを意味しました。日銀は年6兆円のETF購入目標を達成するためには、月平均5000億円買う必要がありますが、外国人買いで日経平均が急騰した2017年10月には1418億円しかETFを買えませんでした。

私は外国人投資家と議論する度に、①日銀はいつまでこのような愚かな政策を続けるのか、②日銀のETF購入が持続可能でないのは明らかだ、③国債は保有していれば償還がきて保有額が自然に減るが、償還期限がないETFを将来どのようにして売却するのか、と尋ねられました。

日銀は日経平均ばかりに偏ったETF購入から、TOPIXやJPX日経400インデックスのETFを購入するようになりましたが、株価指数の上位銘柄では日銀が大株主になりました。日銀の実際のETF購入は信託銀行に委託され、日銀自らは議決権行使も行いませんが、中央銀行が日本の主要企業の筆頭株主になるというのは異常事態です。

日銀は2017年6月時点で、アドバンテスト、ファーストリテイリング、太陽誘電などで株式の15%程度を保有する大株主になっていたと推測されます。このままいけば、ファーストリテイリングで創業者の柳井正会長兼社長の保有比率の22%を抜くのは時間の問題です。日銀が株価指数のETF購入を続けることは、構成銘柄の良い企業も悪い企業も一緒くたに買うことを意味しますので、安倍政権が推進するコーポレートガバナンス改革にも反するとみなされています。

日銀のETF購入の出口戦略に注目

米国のFRBは2017年9月にバランスシートの縮小を決めましたし、欧州のECBも近く国債購入プログラムを縮小すると予想されています。**外国人投資家は2008年のリーマンショック以降の中央銀行の異常な緩和策を正常化するのが当然と考えています。**

日銀のETFの将来的な処理法を考えるうえでは、1960年代の株価支持策とその後の株式売却が参考になります。

1964年に旧日本興業銀行と富士銀行（現みずほ銀行）と旧三菱銀行が中心になって、財務省承認の下で設立された日本共同証券は、1964年3～12月に日経平均1200円維持を目的に、市場取引を通じて、当時の東証時価総額の約2・8％を購入し（ちなみに、現在も日銀の株式保有額は東証時価総額の約3％です）、その後1965年12月から1971年1月にかけて保有株を売却しました。

日本共同証券による買い支えが終了した後も、株式投信の解約が収束しなかったため、証券業界が中心になって、新たな株式凍結機関の日本証券保有組合が設立されました。

日本証券保有組合は1965年1〜7月に当時の東証時価総額の3・5%を保有するに至りました。1964年1月の朝日新聞が、「欧米では株価は市場の自由な決定に任すのを当然とみているが、株価の人為的操作という日本独自の現象に外国人が戸惑っている」との記事を掲載したように、当時の株価買い支え策に対しても、外国人投資家の評判は悪かったようです。

結局、日本共同証券と日本証券保有組合の保有株の売却は、相当な部分が市場を通さずに金融機関や事業法人にはめ込まれて、現在に至る株式持合の形成につながりました。

日銀の将来的なETF売却には数十年かかる可能性

日本共同証券は1965年12月から1971年1月までの、実質10%の経済成長が続いたいざなぎ好景気のあいだに保有株の売却を行ないました。好景気にもかかわらず、1966年1月から1967年12月までは日経平均が下落し、高値を更新できたのは1968年9月になってからでした。

1967年の経済白書は、EPS（1株当たり利益）が1966年1月より急上昇したにもかかわらず、株価が低迷した理由として、日本共同証券と日本証券保有組合などの存在を挙げました。

すなわち、実体経済や企業業績が良好でも、株式需給の悪化が、日経平均の上値を抑制しました。1967年12月の読売新聞は、日本共同証券の凍結株の放出見通しが市場に流れて、市場が「凍結株ノイローゼ」になっていると指摘しました。

今回の日銀のETF購入の場合、黒田東彦日銀総裁は出口戦略について語るのは時期尚早との立場を崩していませんが、仮に日銀が年5000億円ずつ売却するとしても、**2017年8月末のETF残高の15兆円を売却するのに30年かかる計算になります**。現在の政策を続けて、2018年6月末に残高が20兆円に増えれば、売却完了に40年かかる計算になります。

これだけのETF残高を市場売却するのは現実的でないので、政府・日銀は個人投資家などに有利な条件をつけて、市場外で売却するか、ETFを個別株に分解して企業に自社株買いをしてもらうなどの別の手段を考える必要があるでしょう。後者では、自社株買いできるのは優良企業でしょうから、優良企業が自社株買いを行なった後に、日銀のポートフォリオにはボロ株ばかり残るおそれがあります。

COLUMN

政治家に代わって、外国人投資家の日本に対する意見や不満を聞く

安倍政権が始まって、外国人投資家の日本に対する見方は好転しましたが、日本に対する見方が厳しいときには、日本の政治や経済政策に対して、外国人投資家から厳しい不平・不満を言われることが多々ありました。

外国人投資家の日本への要求は大体同じで、よく言われたのが、構造改革策が遅い、金融緩和が不十分、もっと株主重視の経営を行なうべき、などでした。

私はただの証券会社のストラテジストであり、政策の決定権はないので、そんなに文句があるなら、日本の政治家や官僚に直接言ってほしいと思ったことがありました。ただ、多くの外国人投資家は日本の政治家へのコネクションがないので、日本からきた証券会社の人間にいろいろ言いたくなるようです。

外国人投資家の日本の政治に対する知識はピンキリです。選挙区の細かい事情を知っているオタク的な外国人投資家がいる一方、衆議院と参議院の違いをわからない外国人投資家もいます。

日本の政治を英語で説明するのはむずかしい面があります。日本株に投資している外国人投資家に、自民党はLDP（Liberal Democratic Party）といえばおおむね通じますが、英語のWebがない日本維新の会の英語名は「Japan Restoration Party」が正しいのか微妙なところです。小池百合子東京都知事が率いた「都民ファーストの会」は、トランプ大統領の米国ファーストと同じだといえば、米国投資家は簡単に理解してくれました。一方、希望の党の英語名「Party of Hope」は、不思議な名前と感じた外国人が少なくありませんでした。また、小池代表の政策は「ユリノミクス」と名づけられましたが、これは英語の「urine」（小便）を想像させるので、良い命名とはいえませんでした。もっとも、2017年10月の衆議院選挙の自民党勝利によって、われわれは今後4年間も「アベノミクス」だけを語っていくことになりました。

政治家からみれば、投票権がなく、政治資金も寄付してくれない外国人投資家の声を聞く意味はまったくありませんが、外国人投資家の考え方にも配慮した結果、彼らが日本株を買って株価が上がれば、内閣支持率が上がるという間接的な恩恵はあります。

ただ、選挙民の高齢者や弱者の声を聞かなければ落選してしまう政治家と、株価が上がるだけでハッピーな外国人投資家の認識ギャップは大きいといえます。

外国人投資家は日本の政治のココに注目している

強い政府による構造改革には常に期待

２０１７年５月28日に安倍首相の在任期間（第１次と第２次安倍内閣の合計）は１９８１日と、小泉元首相を抜いて佐藤栄作、吉田茂元首相に次ぐ戦後３番目の長さとなりました。外国人投資家は第１次安倍内閣の崩壊以降、民主党政権時を含めて、毎年のように替わっていた日本の政権に比べると、現在の安倍政権の安定度を評価しています。２０１７年10月の衆議院選挙での勝利によって、安倍首相は２０２１年まで首相を務めて歴代最長の首相在任期間になる見込みです。

参政権を持たない外国人投資家が、**政治が安定し、内閣支持率が高いほうが良いと考える理由は、内閣支持率が高いと、国民に痛みを伴う構造改革策も実施できるとの期待が高**

まるためです。

しかし、内閣支持率と外国人投資家の日本株売買動向との関係は単純でありません（**図表2－3**）。

2015年7月に安保関連法制が閣議決定された後、内閣支持率の低下とともに、外国人投資家が日本株を売ったのは、中国経済の減速懸念があったためでもありました。2017年に入って、森友・加計学園問題などで内閣支持率が急低下しても、外国人投資家の日本株売りがなかなか膨らまなかったのは、世界経済の堅調見通しや世界同時株高の追い風がありました。もし、世界経済の減速懸念が高まり、米国株も下落していたら、内閣支持率低下に伴う外国人投資家の日本株

図表2-3 ◉ 外国人投資家の日本株買い越し額と内閣支持率

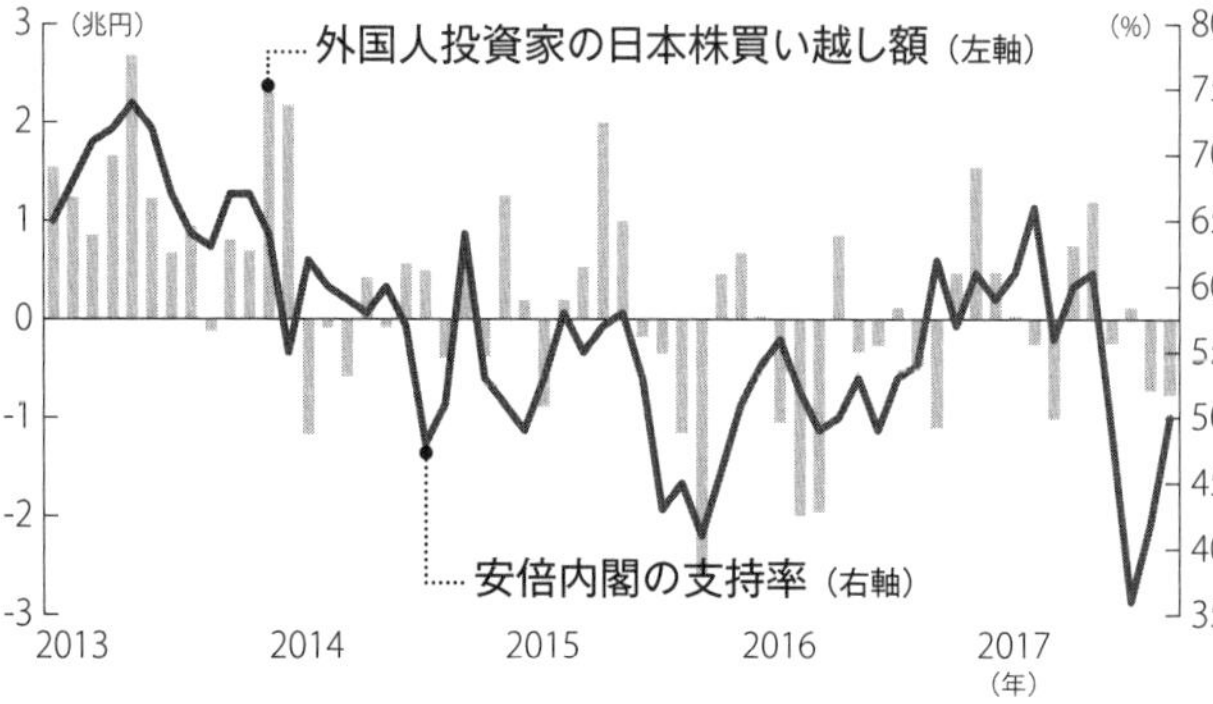

注：外国人投資家の日本株買い越し額は二市場合計の現物取引のみ、2017年9月第3週時点

出所：東証、読売新聞よりみずほ証券エクイティ調査部作成

売りはもっと増えていた可能性があります。

内閣支持率が低下したとはいえ、世界的にみて日本の政治の安定度合は際立っています。安倍政権の安定は当初、外国人投資家から高く評価されました。２０１６年以降は、変化がなく、退屈とみなされるようになりました。また、与党が衆議院の３分の2を保持しているのに、安倍首相が社会保障制度や労働市場改革で大胆な政策を打ち出さないことに、外国人投資家は不満を抱くようになりました。しかし、２０１７年10月の衆議院選挙の勝利で、アベノミクスへの外国人投資家の期待が再び高まりました。日本の政治への深い知識を持たない外国人投資家の日本の政治への見方はうつろいやすいといえます。

少し気にしている地政学的リスク

北朝鮮や中東情勢などによって、地政学的リスクが高まるたびに、円高ドル安になって、日経平均が下落する傾向があります。北朝鮮から日本方面に弾道ミサイルが発射されるときに、円高になる現象はにわかに信じがたい面がありますが、円がスイスフランと並んで安全資産とみなされる理由には、日本の対外純資産が２０１６年末に３４９兆円と、26年連続で世界最大であることが挙げられます。

その北朝鮮との緊張はトランプ大統領の誕生によって煽られて、米国本土に到達するICBMが開発された可能性があるため、米国投資家が北朝鮮問題に敏感になっている面があります。多くの米国民はハワイがどこにあるか知っていても、グアムがどこに位置するかは知りません。しかしさすがに、**北朝鮮がグアム攻撃の可能性を公言したことは、米国の投資家に北朝鮮の地政学的リスクを意識させました。**

とはいえ、多くの米国投資家もトランプ大統領が北朝鮮を先制攻撃するとは考えておらず、米国と北朝鮮の睨み合いが長期化するとの見通しが多いようです。北朝鮮のミサイル発射の頻度が増えるにつれて、株式市場は過剰反応しなくなってきました。

ちなみに、私は北朝鮮との緊張が高まった2017年3月にソウルに出張して、韓国民が平然としているのに驚きました。ソウルは北朝鮮との国境から30キロ程度しか離れておらず、戦争になったら逃げようがないので、ソウル市民は北朝鮮との緊張を深刻に考えないようにする習慣がついているようです。北朝鮮の脅威は日常的なので、何をいまさらとの思いがあるようです。

日本と中国の政治・経済関係は良好であることを重視

中国の名目GDPは2005年に日本の半分でしたが、2010年に日本を抜き、2016年には日本の2倍以上になってしまいました。IMFの予想によると、2020年に中国の名目GDPは日本の約3倍になる見込みです。中国の経済指標に信頼性がないのは事実ですが、実際に中国の主要都市を訪れると、中国経済が着実に大きくなっていると感じます。中国経済と日本経済の格差が拡大するにつれて、日本経済は中国のおまけとみなす投資家まで出てきました。

世界の政治経済は米中という2大国、すなわちG2によって動かされていると考える欧米投資家が増えているため、欧米投資家は日本と中国との政治・経済関係が悪化することを嫌がる傾向があります。

日本にとって、尖閣諸島が譲れない領土問題であることは理解されていますが、中国の経済力の大きさを鑑みれば、政治・外交で多少譲っても、中国と良い経済関係を維持したほうが日本にとって得だとみなす外国人投資家が少なくありません。

外国人投資家は安倍首相が右寄りになり過ぎて、内閣支持率が低下したり、中国との関係が悪化したりして、日本企業の中国事業に悪影響が出ることを嫌がる傾向があります。2012年の民主党前政権時に、尖閣諸島を巡って中国で大規模な反日デモ、日本製品の不買運動が起きたときには、外国人投資家の日本株売りが膨らみました。

COLUMN

日米で大きく異なる政治家と運用会社の距離

ブラックロックやサード・ポイントなどの大物外国人投資家になると、自らアポを取って首相官邸を訪問できるのかもしれませんが、そうでもない外国人投資家からは政治家のアポを取ってほしいとのリクエストを受けることがときどきあります。

一般に現役大臣との個別ミーティングを取るのはむずかしいので、セミナーやグループミーティングでお話しいただくことが多くなります。みずほ証券でも外国人投資家が多数参加する年1回の「みずほインベストメント・コンファレンス」（2017年9月のコンファレンスには外国人投資家が500人以上参加）では、菅義偉官房長官や茂木敏充経済再生相などに講演していただきました。

また、月1回ほど有力政治家と大手運用会社の幹部による朝食会も開催しています。元政治家で外国人投資家に人気があるのが、竹中平蔵東洋大学教授です。竹中教授は英語がネイティブで、外国人投資家と考え方が似ていて、説明もうまいので、証券会社は高い講演料を払っても、竹中教授にセミナーやミーティングをお願いしています。

日本は米国に比べて、政治家と金融機関の関係が弱いので、日本の国づくりのためにもっと緊密になればいいのではないかと思います。ある成功した日本のヘッジファンドの経営者は、日本には寄付したくなるような政治家がほとんどいないので、政治家に寄付するぐらいなら、カンボジアに学校をつくると言ったのが印象的でした。米国では成功したヘッジファンド・マネジャーが政治家に多額の寄付をして、政策に影響を与えようとするのと対照的です。

ゴールドマン・サックスが歴代財務長官を出しているのは有名な話です。日本でも投資銀行出身の政治家にもっとご活躍いただきたいものです。たとえば、元メリルリンチの自民党の小田原潔衆議院議員、元ゴールドマン・サックスの公明党の岡本三成衆議院議員などがおられます。

第3章

FOCUS ON
FOREIGN INVESTORS'
INVESTMENT
STRATEGY

いま外国人投資家が注目している日本株の投資テーマはコレだ！

「人材関連」で注目されているポイント

日本の労働市場改革には高い関心を持っている

外国人投資家は日本の労働市場改革に対して極めて強い関心を抱いており、労働市場改革は安倍首相が掲げる構造改革の３本目の矢の柱とみなされています。また、日本企業は雇用を削減するときに海外拠点の労働者はすぐクビにするのに、日本の従業員は配置転換や子会社への転籍などで済ますことが多いことを、人種差別で不公平と思っている外国人投資家も多くいます。

私は10年以上にわたって、外国人投資家から「日本で解雇規制の緩和はいつ行なわれるのか」と聞かれてきました。そして、いつも「米国のような解雇の自由化はむずかしい」と答えてきました。

解雇規制の緩和と並んで、外国人投資家から頻繁に聞かれるのは、日本は労働力人口が減るのになぜ移民を認めないのかということです。労働力人口は2016年の6648万人から、2065年に4000万人弱と、50年間で約4割も減ると予想されています。いまなら日本はアジアのなかで先進国なので、他のアジアから労働者が来てくれるものの、将来的に日本のアジアにおける経済的地位が低下したら、日本に働きに来たいと思うアジア人はいなくなると指摘されます。

一方、保守的な安倍政権は、移民を明確に否定しています。国際競争力の向上につながる高度外国人材、局所的な人手不足に対処するための外国人技能実習生制度の拡充は行なっていますが、全般的な人手不足対策としては、生産性向上に加えて、女性や高齢者の労働力化で乗り切ろうとしています。

ただ、安倍内閣は移民を否定するものの、静かな、または暗黙の移民が進んでいるとの指摘があります。日本の総人口は2008年から減少に転じており、2016年は前年比約16万人減りましたが、その内訳は日本人の30万人減、外国人が14万人増でした。すなわち、日本人の減少の半分近くを外国人の人口増加が補いました。

「静かな移民」をビジネスにする企業

２０１６年10月に、外国人労働者数が１０８万人と、初めて１００万人を突破し、全就業者に占める外国人労働者の比率が１・７％に高まりました。国別の外国人労働者では、中国人が32％を占め、次いでベトナム人の16％、フィリピン人の12％でした。

コンビニや居酒屋で、日本語がたどたどしい外国人労働者を見かけることが多くなりましたが、そのほとんどは留学生と推測されます。留学生は週に28時間まで働くことが可能です。２０１６年に成立した入管法と外国人技能実習制度法の改正によって、介護人材を外国人技能実習制度で受け入れることが可能になり、実習期間も最長3年から5年に延長されました。

自民党は介護、ホテル、建設など人材がとくに不足している業種で、相手国と二国間協定を結んで、外国人労働者を大量に招き入れる制度も検討していますが、まだ実現はしていません。

一方、国家戦略特区の大都市圏で、外国人による家事支援が可能になりました。インバウンドの規制緩和で大きな役目を果たした菅義偉官房長官は、自らの選挙区である神奈川県の特区で、2017年2月から外国人による家事支援サービスが始まり、女性活躍を通じて経済成長につながると述べました。パソナグループやダスキンなどが、外国人による家事支援事業に乗り出しました。**東京在住の外国人投資家はこの制度を利用したいと思っている人が多いため、関連銘柄に関心を示しています。**

2008年に自民党の外国人材交流推進議員連盟が、50年間で1000万人の移民受け入れを提言したことがありました。提案を中心的にまとめたのが当時の自民党幹事長だった中川秀直氏で、2006年に『上げ潮の時代　GDP1000兆円計画』（講談社）という著書を出しました。安倍政権はGDP600兆円を目指していますが、それを実現する一策として、同様の外国人受入拡大策を策定すれば、ポジティブサプライズとなり、外国人投資家の日本株買いが急増するでしょう。ただ、現実的にはそうした政策は考えにくいところです。

人手不足関連企業はどこか？

2017年に入って、有効求人倍率は1・5倍超と1974年2月以来の高水準となり、失業率は3％を下回っているのに、なぜ正社員の賃金が上がらないのかと、外国人投資家から繰り返し聞かれました。

失業率が低下しても、賃金上昇率が高まらず、コア消費者物価上昇率も日銀が目標とする2％にはるかに届かないのは、①賃金が相対的に低い非正規労働者数の高止まり、②賃金が相対的に高い高齢者の退職、③介護や保育など労働需要が極めて強い分野での賃金は政府が決めるが、財政事情が厳しい政府が賃金を抑制しているため、などの理由が考えられます。

米国でも失業率が低下しても、思ったほど賃金が上がらなくなっています。世界的にシェアを伸ばすアマゾンとの競争上、値段を下げざるを得ない小売業が増えていることや、人間とＡＩとの競争が始まっているので、賃金やインフレ率が上がりにくくなっています。低失業率下での、低インフレは世界的な現象といえます。

とはいえ日本の労働市場が極めてタイトになっているのは事実ですので、**外国人投資家は労働市場関連株に高い関心を持っています**。労働市場関連の上場企業はたくさんあり、ベトナム人の介護士派遣事業を手がけているライク、人事講習派遣事業を行なっているインソースなどの事業内容は評価されますが、やはり外国人投資家には小さすぎるようです。外国人投資家にとっての人材関連企業の本命は、時価総額が3兆円を超え、Ｍ＆Ａで経営もグローバル化しているリクルートホールディングスになります。リクルートホールディングスはPERが高すぎるとの指摘もありましたが、2017年8月に史上最高値を更新しました。

労働者に優しすぎる「働き方改革」への評価は高くない

私は2017年2月に「今年の最大の内政課題である働き方改革」との70ページのレポート（英語だと90ページ超）を書いて、欧米投資家に安倍政権の働き方改革について説明しました。

その際、**欧米投資家からは、安倍首相は残業時間の規制、同一労働同一賃金、最低賃金の引き上げなど労働者に優しい政策ばかりをなぜしようとしているのかと、批判的な反応が出ました**。優しい政策と同時に、先述した解雇規制の緩和、労働力移動を高めるような政策が必要と言われました。安倍内閣の「働き方改革」は社会主義的で、企業の労務政策に関与しすぎではとの指摘もありました。安倍首相は民進党寄りの連合を自民党に取り込みたいがために、労組寄りの労働市場改革を進めているのかもしれません。

一定以上の年収の専門職に残業代が支払われず、労働の成果に応じて年収が決まる「高度プロフェッショナル制度」に対しても、外国人投資家は関心があります。同制度はかつて「ホワイトカラー・エグゼンプション」と呼ばれており、外国人投資家もこちらの呼称のほうに馴染みがありますが、野党やマスコミから「残業代ゼロ法案」とのレッテルを貼られてしまったので、政府は呼称を変えたようです。

この制度を導入することは、２００７年の第１次安倍内閣時代からの悲願でしたが、米国では当たり前の制度なので、なぜこんな基本的な法案が10年以上成立しないのかと尋ねられました。

COLUMN

北朝鮮情勢の緊張によって注目された防衛関連株

外国人投資家が注目する日本株の投資テーマは、時間とともに変わります。投資テーマは個人投資家が注目するものであり、プロである機関投資家はボトムアップの銘柄選択に集中するという人もいますが、組織としてテーマ・リサーチチームを持っている運用会社もあるぐらいですから、注目しておくべきです。

トランプ大統領の誕生や北朝鮮情勢の緊張によって、米国ではボーイングやロッキード・マーチンなどの航空関連株が注目され、外国人投資家から日本の防衛関連株に関する問い合わせが増えました（時価総額が100億円未満の石川製作所や興研などの中小型の防衛関連株は流動性が小さいため、外国人投資家は買うことができません）。また、外国人投資家はたんなるイメージではなく、収益への貢献はいくらかと必ず聞いてきます。

そうした観点から、大型株で売上全体に占める防衛省向け売上比率が高い企業がターゲットになります。

たとえば、川崎重工業の約13%や三菱重工業の約7%などがあります。ただ、両社とも事業内容がコングロマリットであるうえ、不採算案件などで業績も低調だったので、外国人投資家の評価は高くありませんでした。

東京計器は時価総額が250億円程度ですが、売上に占める防衛省関連比率が約3割と、上場企業のなかでは最も高い部類です。私は防衛事業の採算性について、蒲田の本社に取材に行ったことがあります。東京計器は戦闘機やヘリコプターに装着するレーダー警戒装置と、艦船や潜水艦のジャイロセンサーの国内シェアをほぼ独占しています。ただ、防衛省は調達先の原価を厳しく査定し、営業利益率5%以上は認めない方針なので、防衛省関連の事業で高い収益を上げるのはむずかしいようです。

安倍内閣が防衛関係費をさらに増やしても、北朝鮮の脅威に対応したミサイル防衛にからんだ米国からの防衛装備品の調達が増えるだけの結果になる可能性があります（対米貿易黒字縮小のためという一面もあります）。欧米投資家からは理解不能の北朝鮮情勢について尋ねられることが少なくありませんが、外国人投資家には「日本の防衛関連企業にあまり期待しないように」と伝えています。

「インバウンド」で注目されているポイント

人口が減るなかで中長期で重要な投資テーマになっている

2012年に836万人に過ぎなかった訪日外国人数が、2016年に過去最高の2400万人と3倍近くに増えました（104ページ図表3―1）。ビザ緩和、受入体制の整備、LCC（Low Cost Carrier）の規制緩和などを背景とするインバウンド促進策は、アベノミクスの大きな成果といえます。政府は2020年2000万人としていた訪日外国人数の目標を前倒し達成したため、2020年4000万人、2030年6000万人と引き上げました。

外国人投資家も、人口が減る日本にあって、インバウンド政策は中長期的な重要政策とみなしています。訪日外国人旅行者による消費額も、2012年の1・1兆円から201

6年に3・7兆円と3倍以上に増えました。これは名目GDPの個人消費の1%強に過ぎませんが、日本の消費は2016年度に約1兆円しか増えていないので、国内消費の増加額に対するインバウンド消費の寄与は捨てたものではありません。

国別外国人の消費額では中国人が約4割を占めましたが、2016年から海外で購入した高額品の中国国内への持ち込みが厳しくなったため、中国人1人当たりの消費額は前年比2割近く落ち込みました。いわゆる「爆買い」が収束しました。

百貨店協会は2009年より外国人旅行者向けの免税売上を発表していますが、2016年の売上は前年比5%減の18

図表3-1 ◉ 訪日外国人数の推移

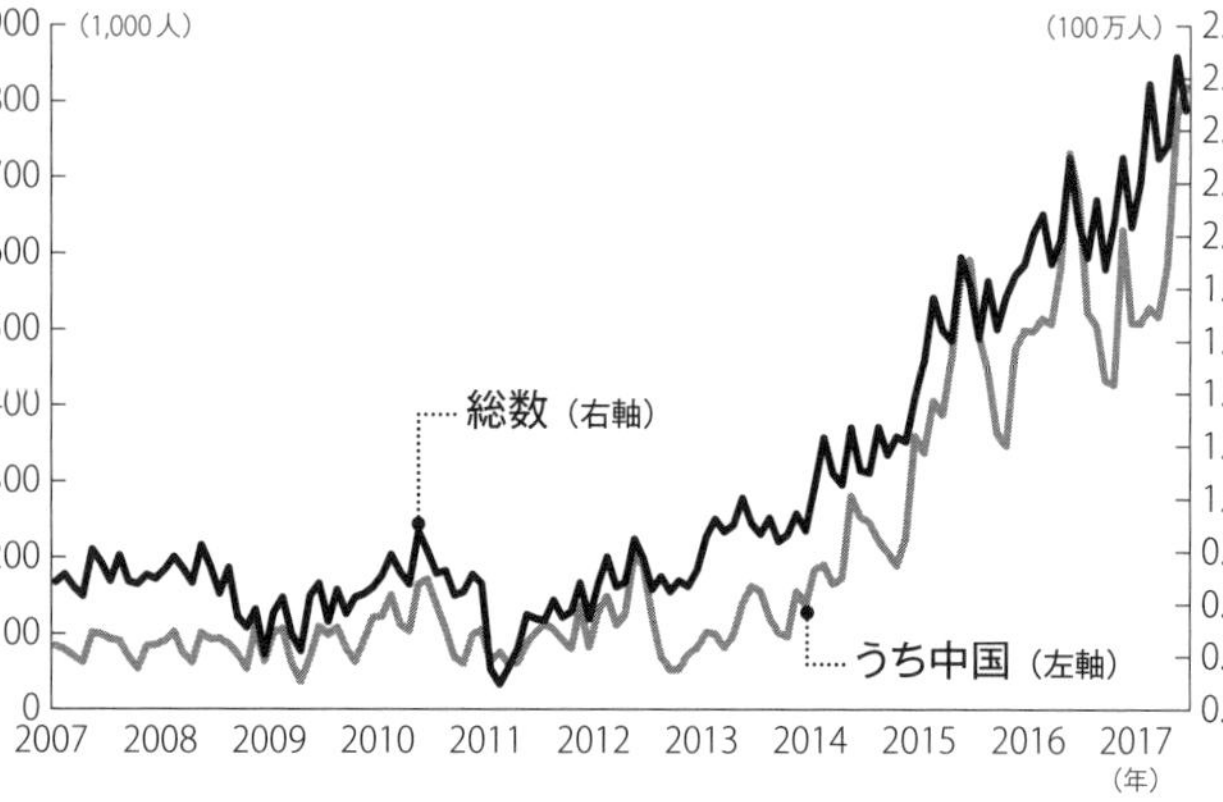

出所：日本政府観光局よりみずほ証券エクイティ調査部作成

43億円でした。しかし、前年の水準が低かったこともあり、2017年に入ると、百貨店の免税売上は回復傾向となり、7月は前年同月比55%増となりました。ただし、百貨店は地方店の閉鎖など、経営環境が厳しいと認識されているので、株式市場でインバウンド売上の回復は評価されておらず、2017年4月に「Ginza Six」を開業したJ．フロントリテイリングの株価は、2017年9月に年初来安値を更新しました。

インバウンド関連企業は選別投資

中国人の爆買いが終わり、インバウンド関連株は好調と不振銘柄に大きく二極化しています。訪日外国人旅行者の支出はモノからコト、すなわちサービスへ変わったといわれますが、**インバウンドのコト消費関連銘柄があまりないことが、外国人投資家の悩みです。**

インバウンド関連の好調組の代表は資生堂です。資生堂は2016年度からセグメントとして開示し始めたトラベルリテール事業（海外での免税店事業）の2017年上期売上が前年同期比92%増、営業利益が同164%増と好調であることが評価されて、株価は2017年9月に上場来高値を更新しました。外国人投資家は資生堂の魚谷雅彦社長の経営改革を高く評価しています。同じ化粧品のコーセーも2017年度第1四半期に、百貨店チャネルのインバウンド売上や韓国の免税販売が好調で、売上が同13％増、営業利益が26％増となり、株価は短信発表日に上場来高値を更新しました。

小売では、ドンキホーテホールディングスは２０１７年６月期の決算説明で、「インバウンド消費額は２０１７年初頭から尻上がりに増加。『バラエティ＋ディスカウント＋エニタイム』で、訪日客の心を圧倒。『コト消費』の本命として、ＳＮＳ人気も相まって別次元へ進化中」と述べました。ドンキホーテホールディングスの売上全体に占める免税売上比率は７％程度ですが、大阪道頓堀御堂筋店では約６割、新宿東口店では約４割に達します。

マツモトキヨシホールディングスは２０１７年度第１四半期の決算短信で、「免税対応店舗数を３８９店舗に増やし、パスポートデータを活用した品揃えの最適化を図る。中国での越境ＥＣが順調に拡大」と述べました。ドラッグストアではマツモトキヨシへの外国人投資家の認知度が最も高いようです。

中古ブランド品販売のコメ兵もインバウンド需要の回復により、２０１７年度第１四半期の営業利益が前年の赤字から黒字に転じました。ロイヤルホールディングスは２０１７年度上期に、機内食事業や空港ターミナルのコントラクト事業が好調で、営業利益が同47％増となりました。ロイヤルホールディングス傘下のてんやで、海外では高級な天ぷらがワンコインで食べられるのは外国人にとっては驚きのようです。羽田空港の施設管理などを行なう日本空港ビルデングも、国際線の航空旅客数増加の恩恵を受けて、２０１７年度第１四半期の営業利益が同62％増でした。ＡＮＡホールディングスの２０１７年度第１四半期の売上と営業利益は過去最高となり、株価も右肩上がりです。

規制改革の象徴とみなされたカジノ解禁

世界ではカジノが合法化されている国が１３０もあるのに、日本で10年以上にわたってカジノ解禁が議論されながら、**カジノ法案が成立しなかったことは異常だと外国人投資家は考えてきました**。カジノ禁止は、規制大国日本の象徴だったのです。

私も10年以上、業界関係者や関係政治家とカジノ解禁のメリットを議論していますが、２０１６年12月にようやくＩＲ推進法が成立したときには嬉しく思いました。私はラスベガス、シンガポール、マカオはもちろん、ロンドン、マニラ、ダナンなど世界中のカジノに視察に行ったことがあります。日本はこれからギャンブル等依存症対策法案やＩＲ実施法を成立させ、カジノを開業したい地方自治体を募集し、選ばれた地方自治体がオペレーターを選ぶので、実際にカジノが開業するのは、２０２０年の東京オリンピック後の２０

22～23年ごろと見られています。オリンピック後には景気が落ち込むことが多いので、カジノはオリンピック後の経済を支えると期待されます。

カジノは国際会議施設、ショッピングモール、宿泊施設などの大きな施設の一部になる予定なので、ＩＲ（Integrated Resort）と呼ばれます（通常、株式市場でＩＲというと、Investor Relationsを意味しますが、カジノは長年、外国人投資家間で注目されてきたので、ＩＲはカジノ施設も意味すると、外国人投資家も理解しています）。ＩＲ推進法の成立は、①規制緩和の成果、②地方を含めた内需振興、③インバウンド需要の喚起策として評価されています。

アジアの投資家の関心が高いカジノ

外国人投資家の関心事は、カジノ解禁は当初2～3カ所といわれるなか、どの都市が選ばれるのか、どの企業がプロジェクトを獲得できるかということです。

オペレーターは、海外カジノ運営業者＋日本の不動産開発業者＋日本のゲーミング会社などのコンソーシアムになると予想されています。

場所としては、大阪は当確であるものの、関東は東京、横浜、千葉のどこが選ばれるかわからない情勢です。地方都市も1カ所選ばれると思われますが、長崎や北海道が有力とみられます。最終的には10カ所程度選ばれるので、一次選抜で落選した都市にも、二次選抜の可能性が残されます。カジノプロジェクトに参画できる企業も、カジノの実際の開業は2020年以降で業績への織り込みは不可能ですので、**カジノ関連株は長期的な視点から保有する必要があります**。

一方、ギャンブル等依存症対策法は公営ギャンブルに広く適用され、パチンコ・パチスロでは新たな出玉規制も行なわれるので、パチンコ・パチスロ業界にはネガティブと思われます。そうした懸念から、セガサミーホールディングスなど関連株が下落しました。

マカオのカジノ収入がラスベガスを抜いたことに表れているように、中国人のギャンブル好きは有名です。北京からはマカオより大阪のほうが近いし、日本のおもてなしの対応が好感されるので、遅ればせながら、日本でカジノが解禁されれば、北東地域に住む中国人の需要を取り込めると思います。

ちなみに、東京ほど夜中のレジャーが少ない大都市は少ないといわれます。東京近辺に紳士淑女の社交場としてカジノができれば、時差ボケの欧米人も取り込めるでしょう。国際カジノ研究所の木曽崇氏は、2017年6月に『「夜遊び」の経済学　世界が注目するナイトタイムエコノミー』（光文社）を書きましたが、日本は外国人投資家からも、ナイトエコノミーの拡大余地が大きいとみられています。

「金融関連」で注目されているポイント

日本経済（内需）の象徴とみなされる銀行・不動産株

大手銀行、大手不動産株は外国人投資家から日本経済の象徴とみなされているので、外国人投資家の日本の景気への強気が高まると買われる一方、日本の景気に弱気になると売られる傾向があります。両業種とも異次元金融緩和が始まった２０１３年こそ大きく上昇しましたが、その後冴えない展開が続いています。日本の持続的な内需拡大を背景とするインフレ期待がなかなか高まらないためです。

日本のインフレ期待を測る指標として、10年国債利回りが注目されていましたが、２０１６年９月に日銀がイールドカーブ・コントロール政策を導入し、10年国債利回りをゼロ％近辺に固定する政策を導入したため、10年国債利回りは指標性を失いました。その代わりに、日本の国債利回りが米国の国債利回りと相関が高いことに注目し、外国人投資家は米国の10年国債利回りを重視しています。東証銀行株指数の対ＴＯＰＩＸ相対パフォーマンスと米国10年国債利回りは、高い相関があります（**図表３－２**）。

トランプ大統領当選直後は米国10年国債利回りが上昇して、日本の銀行株が買われましたが、トランプ大統領の政策への期待が低下すると、再び売られました。２０１６年２月に始まったマイナス金利で、銀行経営は厳しくなっています。２０１７年10月末時点で、三菱ＵＦＪフィナンシャル・グループの予想ＰＥＲは約10倍、ＰＢＲは０・７倍です。銀行株は

図表3-2 ◉ 東証銀行株指数の対TOPIX相対パフォーマンスと米国10年国債利回り

注：2017年9月26日時点
出所：ブルームバーグよりみずほ証券エクイティ調査部作成

割安さだけでは買われなくなっていますが、三菱ＵＦＪフィナンシャル・グループでは、海外収益力の高さが評価されています。一方、不動産は銀行よりは業績見通しが良いものの、オフィスビルの過剰供給懸念があるうえ、コーポレートガバナンスへの評価が低いので、外国人投資家から買われにくくなっています。一部の逆張りの外国人投資家のみ、大手不動産株を大きな出遅れ株とみなしています。

日本で遅れているキャッシュレス化関連に注目

外国人投資家と議論していると、日本では当然だと思っていることに疑問が呈されることがあります。アジアの政府系ファンドを訪問したときに、**日本はなぜキャッシュレス化が遅れているのかと聞かれました。**それもそのはず、中国ではアリペイやウィチャット・ペイでの支払いが多くなっています。米国ではアップルペイなどによる決済が増えており、100ドル札での支払いが拒否されることが度々です。これに対して日本ではスマホ決済が遅れており、タクシーに乗ると、交通系電子マネーも使えず、現金かクレジッドカードの決済のみというタクシーも少なくありません（とくに個人タクシー）。

日本でキャッシュレス化が遅れている理由は諸説ありますが、治安がいいので現金を持ち運びやすい、首都圏ではスイカやパスモが普及しているなどの理由が挙げられます。日本の紙幣は綺麗すぎるので、ドルや人民元などでよく見られるように、もっとよれよれで手垢のついた紙幣が増えれば、スマホ決済に切り替えるとの笑い話もあります。

アリババやテンセントは時価総額が約40兆円と、時価総額日本一のトヨタ自動車の約2倍に達する巨大企業です。日本ではインターネットで貯めたポイントを交換できるサービスを手がけるセレスやリアルワールドなどがキャッシュレス関連株とみなされますが、時価総額が小さすぎて外国人投資家の投資対象になりません。一方、GMOペイメントゲートウェイは、日本のキャッシュレス化から恩恵を受ける本命銘柄とみなされ、2017年にベイリー・ギフォード、JPモルガン・アセット・マネジメント、FMR（フィデリティの兄弟会社）などが大量保有報告書を出しました。

フィンテックの興隆で銀行株売りに⁉

中長期的に、銀行はフィンテックの新興企業との戦いを求められます。駅前の地価が高い場所にある銀行が本当に必要か問われています。

フィンテックの興隆は、既存の銀行の売り材料と見る外国人投資家がいます。ただ、銀行は事業会社への出資が厳しく制限されていましたが、2017年4月の銀行法改正で、銀行によるフィンテック関連のIT企業の買収が可能になりました。日本の場合、金融資産を豊富に持つ高齢者は新しいモノを嫌う傾向があるので、日本ではフィンテック企業による新たなサービスは米国や中国ほど受け入れられないとの見方があり、フィンテック企業も大手銀行との連携を目指す動きがあります。銀行には伝統的銀行業務を守りたい抵抗勢力が社内にいますから、いかに社内の意識改革を進めるかがフィンテック時代に銀行が生き残るためのカギになるでしょう。

前項で触れたGMOペイメントゲートウェイも、三井住友銀行と資本業務提携しています。楽天はフィンテック企業として株式市場にアピールするために、2015年下期から、インターネット金融と呼んでいたセグメントの呼称をFinTechに変更しました（ただし、ネット通販事業の競争激化から、株価は2015年以降不振です）。

2017年9月末に自動家計簿アプリのマネーフォワードが上場しましたが、それに続くフィンテック関連のIPOが出てくるかが、株式市場でのフィンテックの注目度を左右するでしょう。金融庁も2017年8月末の概算要求で、検査局を廃止して、フィンテックなどを支援する企画市場局の創設を発表しました。森信親金融庁長官のリーダーシップの下、金融規制庁から金融育成庁へ変わろうとする強い意思の現れとみられます。

「AI、ビッグデータ、IoT関連」で注目されているポイント

日本株からAI関連株を選ぶのはむずかしい

政府成長戦略が最も注目されたのは、2013年6月に「日本再興戦略　JAPAN is BACK」の1回目が発表されたときであり、回数を重ねるたびに、ページ数は増えたものの、株式市場の注目度が低下し、外国人投資家の評価も低下しました。

政府成長戦略は世の中の流行を反映するので、2017年6月に発表された「未来投資戦略2017　Society 5.0の実現に向けた改革」は、「長期停滞を打破し、中長期的な成長を実現していくカギは、近年急激に起きている第4次産業革命（IoT、ビッグデータ、AI、ロボット、シェアリングエコノミー等）のイノベーションを、あらゆる産業や社会生活に取り入れることにより、さまざまな社会問題を解決する『Society 5.0』を実現することにある」と

述べました。「Society 5.0」とは、狩猟社会、農耕社会、工業社会、情報社会に続く、人類史上5番目の新しい社会を意味します。

米国のＡＩ関連株といえば、アルファベット（グーグル）、アップル、フェイスブック、エヌビディア、ＩＢＭなどの大型株があります（**図表３－３**参照）。日本でＡＩ関連の大型株といえば、ソフトバンクグループなどがありますが、現時点ではソフトバンクグループはＡＩより、スマホ関連企業とみなさざるを得ません。ソフトバンクグループ同様に、Ｍ＆Ａでグローバル事業を強化中のリクルートホールディングスも、ＡＩの世界的な権威であるトム・ミッチェル・カーネギーメ

図表3-3 ◉ 世界の主要テクノロジー企業の時価総額比較

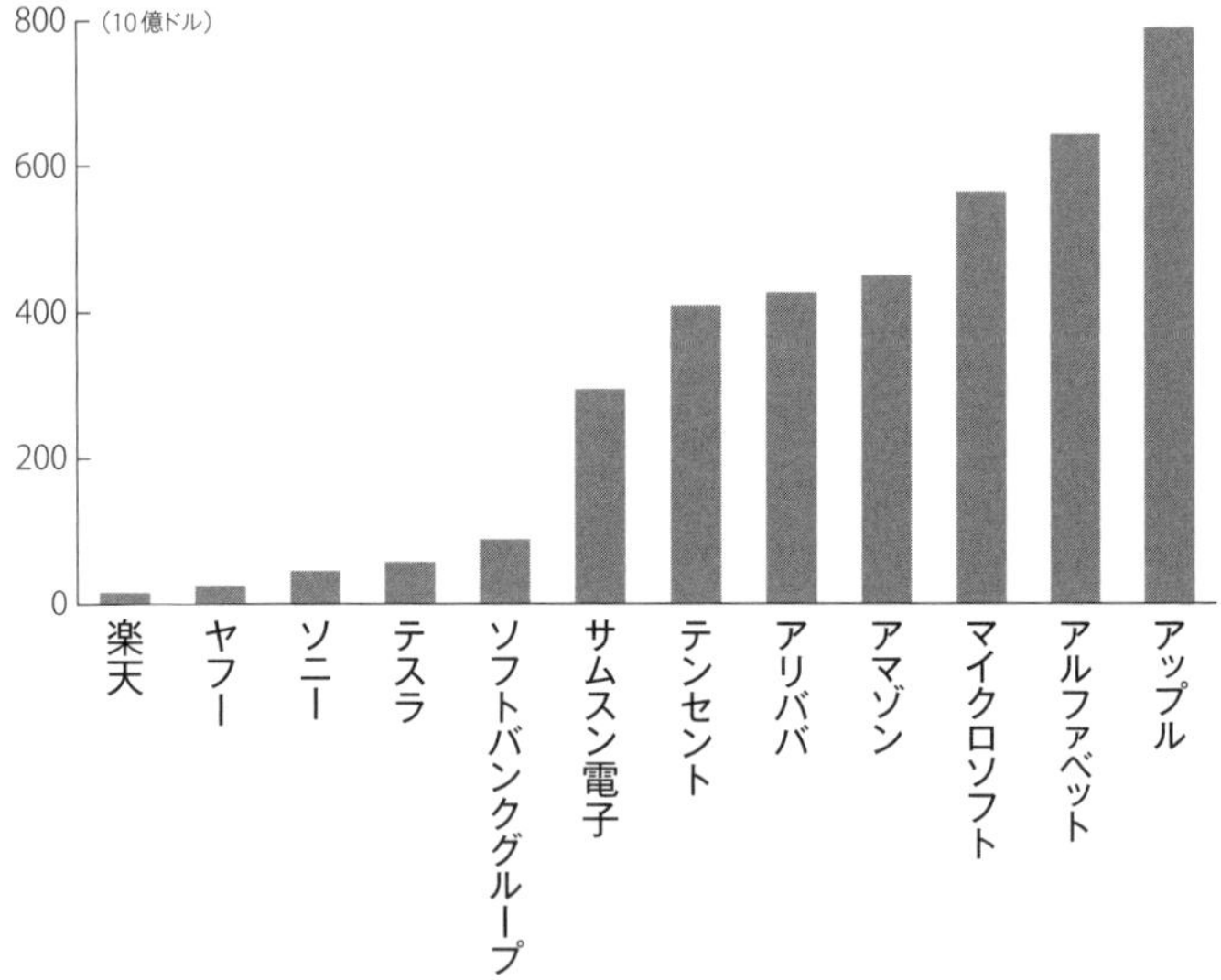

注：2017年9月26日時点
出所：ブルームバーグよりみずほ証券エクイティ調査部作成

ロン大学教授をアドバイザーに、２０１５年にＡＩ研究所である「Recruit Institute of Technology」を設立しましたが、人材関連企業とみなされます。

ＡＩは企業の命運を左右する将来の成長分野だけに多くの企業が参入していますが、日本の場合、**ＡＩ関連株で外国人投資家の投資基準を満たす大型株がほとんどありません。**

時価総額が小さい企業では FRONTEO、ジグソー、ホットリンクなどが自らもＡＩ企業と株式市場にアピールしていますが、外国人投資家に訴求できていません。ビッグデータも、ＮＴＴデータ、富士通、日立製作所など多くの企業がやっていますが、コングロマリット的な事業構造に加えて、成長率が低いので、ビッグデータ関連の成長企業とはみなしにくい面があります。ＩｏＴの定義はさらに広いので、銘柄選択に困ります。

日本企業でＩｏＴ関連の大型株といえば、キーエンスや日本電産などを挙げざるを得ませんが、相対的に割安な三菱電機などもＩｏＴ関連株とみなす向きもあります。いずれにしてもＩｏＴのど真ん中に当てはまる企業ではありません。

ところで、日本はタクシー業界の規制が厳しく、来日時に米国の Uber が使えないことに不満を抱く外国人投資家が多数います。また、日本で Airbnb は使えますが、旅館業界の反対で民泊の年間宿泊件数は制限されています。

パーク24のカーシェアリング事業が伸びていますが、本業の駐車場国内事業が低調であるため、株価は下落基調でした。**シェアリングエコノミーは、モノの所有にこだわらない若者の増加で、将来的に伸びると予想されますが、現時点で外国人投資家の眼に適う関連株は少ないようです。**

日本勢が強いロボティクス

ロボットというと、ハードウェアとしてのロボットだけを指しますが、ロボティクスというとAI、IoT、ロボットなど広義の生産性向上に資する企業を指します。株価的には過熱感もありますが、日本が国際競争力を維持するロボット関連株への外国人投資家の関心はきわめて強いといえます。

日興アセットマネジメントの「グローバル・ロボティクス株式ファンド」は、年1回決算と年2回決算ファンドをあわせて、純資産が7000億円を超えました。**外国人投資家からも日本は機械全般やロボット産業に国際比較でまだ強みがあるとみなされており、このファンドと同様な組入れを持つ投資家がいます。**2017年8月時点で、このファンドが上位10銘柄に組み入れていた日本企業はキーエンス、日立製作所、ファナック、安川電機、東京エレクトロンでした。

このファンドはグローバルに投資できるにもかかわらず、上位10組入銘柄のうち半分を日本株としているのは、日本がロボティクス分野に強みを持つからでしょう。安川電機はかつて地方（本社は北九州市）の重電企業とみなされていたことがありましたが、いまやグローバルなロボット企業とみなされるようになり、ブラックロックも大量保有報告書を2017年6月に出しました。

日興アセットマネジメントは、日本株だけのロボティクス株に投資する「ジャパン・ロボティクス株式ファンド」も運用していますが、2017年9月末に純資産が600億円を超えました。

同ファンドの上位組入は、2位のキーエンスより上に、搬送機械を得意とするダイフクが1位となっています。私は2017年7月に、工場敷地面積を2・5倍にしたばかりのダイフクの上海工場を見学したことがあります。4万平方メートルの新工場で稼働しているのは半分程度でしたが、2〜3年以内にフル稼働にしたいと聞きました。ダイフクは、中国国有企業の液晶・半導体の積極投資から恩恵を受ける数少ない日本企業で、中国の空港建設の拡大や、Eコマースの普及からも中長期的に受注の拡大が見込めます。中国は生産性向上のために、日本の機械を必要としており、工作機械受注でも中国からの受注が高い伸びになっています。

COLUMN

AI運用の時代

2017年8月25日の『日経ヴェリタス』は、「AI投信、安定収益で成長」との記事で、AIが運用する投資信託に資金が流入していることを報じています。

8月中旬時点の残高は4000億円超と、半年間で2・9倍に増えた。膨大なデータを分析してリスクを分散するAIは運用成績が安定するため、人気を集めている。好調な販売を受け、運用会社はAIの分析対象に独自データを加えるなど、ひと味違うAIが担う商品の設定に動き出した。2月にスタートしたゴールドマン・サックス・アセット・マネジメントのAIの旗艦ファンドは残高が約2400億円まで増え、今年設定された投信では最大規模となった。三菱UFJ国際投信の日本株ファンドは、AIが翌日の相場を予測する機能を備える。決算などあらゆるデータを読み込んで翌日に相場全体が下がると判断した場合、株価指数先物への売りの比率を高める。アストマックス投信投資顧問のAI投信は、ヤフーファイナンスの投稿をはじめとしたビッグデータをAIで分析して投資先を選ぶ。

この記事では紹介されませんでしたが、ファイブスター投信投資顧問の「ビッグデータ・ファンド」、大和住銀投信投資顧問の「日本成長テーマフォーカス（愛称：グランシェフ）」などは、AIだけで運用するのではなく、ファンドマネジャーの経験値とAIを融合した株式投信です。

大和住銀の「グランシェフ」は2017年1月の設定時にはAIを使っていませんでしたが、7月にFRONTEOの言語解析AI「KIBIT」を導入し、ファンドマネジャーによる銘柄選別の成功事例のデータを基にディープラーニングを重ねて銘柄を選別します。

アセットマネジメント・ワンの「ビッグデータ活用日本中小型株式ファンド」は、ビッグデータの活用による投資テーマ選定とボトムアップ・アプローチによる銘柄選択を組み合わせて、ポートフォリオを構築します。

パフォーマンスが良いAIファンドが本格普及すれば、ファンドマネジャーやアナリストは必要でなくなる可能性がありますので、証券業界とファンド産業は大きな変革期を迎えます。証券業界でも、簡単な業績コメントはAIができるようになってきました。AI時代にいかに生き残れるか、運用および証券業界は厳しいチャレンジを迫られています。

「自動車関連」で注目されているポイント

EV戦略に出遅れた日本

自動車関連といえば、以前はトヨタ自動車やホンダと、フォルクスワーゲンやGMなどを比べていればよかったのですが、米国のEV（電気自動車）専業のテスラ、自動運転を開発中のアルファベット（グーグル）など異業種と比べる必要が出てきました。

2017年前半の日本の自動車株が不振だったのは、米中の自動車販売がピークアウトしているとの懸念に加えて、日本の自動車メーカーはEVや自動運転で出遅れているとの見方が出たためです。

テスラのショールームは東京でも青山にあり、私も試乗したことがありますが、その加速性能に驚きました。東京でテスラが走っているのを見たことはほとんどありませんが、サンフランシスコに投資家訪問に行ったときなどにはよく見かけました。最も驚いたことは、2017年7月に中国の深センを訪れたときに、街のあちらこちらに電気自動車の充電器があり、バスやタクシーの多くがEVになっていることでした。中国の大都市では大気汚染が問題になっていますが、深センの空が青空なのにはさらに驚きました。中国政府はガソリン車で日本や欧州のメーカーに敵わないことを知っているので、国策としてEVで世界覇権を握ろうとして、EV普及策を強力に進めています。

中国政府は2017年4月に「自動車産業中長期発展計画」を発表し、部品・裾野産業の発展や中国ブランドの育成などを通じて、2025年に世界自動車強国入りを目指しています。英国とフランスが2040年にガソリン車とディーゼル車の販売を禁止する政策を打ち出したのと同様に、中国政府も化石燃料車の生産・販売を禁止することを検討し始めると報じられています。

中国のEV販売台数は2016年の57万台から、2020年に200万台に増えると予想されています。いまや中国の自動車販売台数は3000万台に近づこうとしているので、200万台は1割未満ですが、日本の自動車販売台数が近年500万台前後で横ばい推移していることに鑑みれば、200万台は大きな数字です。

日本は国策として、燃料電池車を推進し、水素ステーションを増やしていますが、世界的にみれば、ガラパゴス化しつつあります。世界の二大自動車市場である米中がＥＶを推進しているなか、日本が燃料電池車を推進しても展望はありません。私が２０１７年春に欧米投資家を訪問したときには、**日本政府・自動車メーカーの戦略ミスを指摘する声が多く、一部のディープバリュー投資家を除いて日本の自動車株を買いたいとの声は皆無でした**（ただ、２０１７年後半には、出遅れ株として自動車株を見直す動きが外国人投資家から出ました）。

ＥＶには電池の持続性や電池材料としてのコバルト不足などの課題も多く指摘されていますが、ＥＶ戦略の出遅れは日本の産業にとって痛手といえましょう。ただ、多くの機関投資家にとって企業収益の評価期間は３～５年なので、いまＥＶの収益を株価に織り込むのは時期尚早との指摘もありました。

自動ブレーキなどで電子部品に注目

日本はテクノロジー産業で米中に劣後しつつあるため、政府は虎の子の自動車産業を守るため、自動運転の開発を支援しています。政府は２０１７年６月の「未来投資戦略２０１７」で、国際的な制度間競争や国際条約に係る議論も見据えつつ、２０２０年ごろに完全自動走行を含む高度な自動走行レベル３以上の市場化、サービス化に向け、制度整備の議論を加速し、２０１７年度中に政府全体の制度整備の方針をまとめるとしました。

レベル３とは、運転の加速・操舵・制動をすべて自動車が行ない、緊急時のみドライバーが対応する状態をいいます。

日本でも特区で自動運転の実証実験が始まっていますが、米中なら自動運転の実証実験で万が一、人が亡くなっても仕方ない代償と受け止める一方、安全を重視しすぎる日本では、実証実験で人が大怪我をしただけで社会が大騒ぎになって、自動運転の開発が遅れるとの懸念も出ています。

ＥＶと自動運転が将来の自動車メーカーの競争力を大きく左右すると予想されますが、より近時的にはＡＤＡＳ（Advanced Driver Assistance System）が株式の投資テーマとして注目されています。テレビでスバルのアイサイトのＣＭをよく見かけますが、衝突事故が起きそうなときに自動で止まる自動ブレーキなどが含まれます。日本が強みを持つ電子部品でも、新興国を中心にスマホ需要がピークアウトした一方、ＡＤＡＳ、自動運転、パワートレインなど自動車向け電子部品が、次の需要増加の大きなうねりになると考えられます。

政府は「未来投資戦略２０１７」に、２０１５年に国内販売新車乗用車の装着率が45％だった自動ブレーキの装着率を２０２０年に90％以上にする目標を掲げています。同時に２０２０年に安全運転支援装置・システムを国内車両の20％に搭載し、世界市場の３割を獲得することを目指しています。

外国人投資家も日本の自動車部品メーカーは国際競争力が高いのに割安だと思っており、日本の完成車以外の海外メーカーとの取引も増えていることを評価しています。自動運転関連の銘柄は幅広く、デンソーやスタンレー電気などの自動車部品から、日本電産や日本セラミックなどの電子部品、ルネサスエレクトロニクスやロームなどの半導体、日立化成や日清紡ホールディングスなどの素材までもが関連銘柄です。一方で、EV化でいらなくなるエンジン回りの部品メーカーなどの株は、ショートしたいニーズがヘッジファンドにはあります。

いずれにしてもこのテーマへの外国人投資家の関心は高く、みずほ証券では2017年7月に「Mizuho 自動運転プロジェクト　今世紀最大の産業イベント『自動運転車』が走り出す」という多くの関連アナリストが参加するレポートを出して好評を得ました。

EVは広い意味で環境関連の投資テーマ

トランプ大統領が世界的な温暖化ガスの削減を目指すパリ協定からの離脱を決めてしまったため、環境問題に対する株式市場の関心は低下してしまいましたが、**欧州投資家を中**

心に中長期的に環境問題に注目する投資家は多くいます。小池百合子東京都知事が2017年9月に「希望の党」を創設して、「原発ゼロ」政策を打ち出したときには、欧州投資家から「No Nuke」（英語で原発ゼロを意味します）政策から恩恵を受ける銘柄がどこか質問を受けました。訪ねてきた外国人投資家は、福島原発の廃炉事業の関係で、日立製作所や三菱重工業などが念頭にあったようです。私は希望の党も民進党も原発ゼロの目標年は2030年とはるか先である一方、ゼロエミッション社会を目指すとしているため、エフオンなどの省エネ関連株に注目したほうがいいのではと申し上げました。ただ、エフオンは小さすぎて、外国人投資家は買うことができないようです。

中国人が冬に東京を訪れると、晴れた青空に驚く一方、日本人が冬に北京に行くと、大気汚染で太陽が見えないことに驚きます。石炭火力で暖房を炊くので、中国の環境問題は冬に注目される季節性があります。中国がEVを推進するのも、環境問題が第一で、EVで世界制覇というのは副次的な目的です。中国政府は背に腹を代えられず、環境保護の本気度を高めています。環境保護のために、多少経済成長率が鈍化してもいいという覚悟です。

2017年9月に終わった環境保護に関する第4回査察では、2・6万社の公害を出す企業に、総額12・8億元の罰金と制裁が課せられ、1・6万人を上回る地方政府の高官が環境保護法違反の責任に問われる結果となり、前例のない厳しさになりました。10月の共産党大会でも、環境保護が重要な議論のテーマに取り上げられました。東レ、東ソー、島津製作所、堀場製作所、ダイキン工業などが、中国の環境保護強化から恩恵を受ける可能性があるでしょう。

第 4 章

FOCUS ON
FOREIGN INVESTORS'
INVESTMENT
STRATEGY

外国人投資家がもっと買いたくなる日本企業の姿とは？

外国人投資家は「会社は株主のもの」と考えている

株主のために働くエージェントが経営者

外国人投資家が日本人と根本的に異なる部分は、「会社は誰のモノか」についての考え方です。外国人投資家、とくに英米投資家は、会社は株主のモノで、経営者は株主のために働くエージェントだと考えています。したがって、株主のために高いリターンを出すのは当然で、そのためには会社を売買したり、従業員をリストラしたりしても構わないと考えています。欧州大陸は雇用慣行が日本のように硬直的な面がありますが、ドイツ、フランス、スイスの大企業も、国内では自国の伝統的ルールを守りながら、海外では英米大企業と変わらない経営をしています。日産自動車のカルロス・ゴーン会長のように、経営者が他国からくることも少なくありません。

アベノミクスの3本の矢のうち、金融緩和と財政刺激に限界が見えるなか、外国人投資家は**持続的な株高のためには、構造改革策、とくにコーポレートガバナンス改革が必須だと考えています。**コーポレートガバナンスとは長期的な企業価値増大に向けた取り組みですが、「経営者が株主のために働く仕組みになっているか否か」をチェックすることも、そのなかに含まれています。

外国人投資家がROEを重視するというのもその一環です。ROEは企業が株主から託された資本をどれほど効率的に活用しているかを示す指標です。東証1部のROEは2013年3月期の5・5%から2014年3月期に8・1%に上

図表4-1 ◉ 東証1部のROEの要因分解

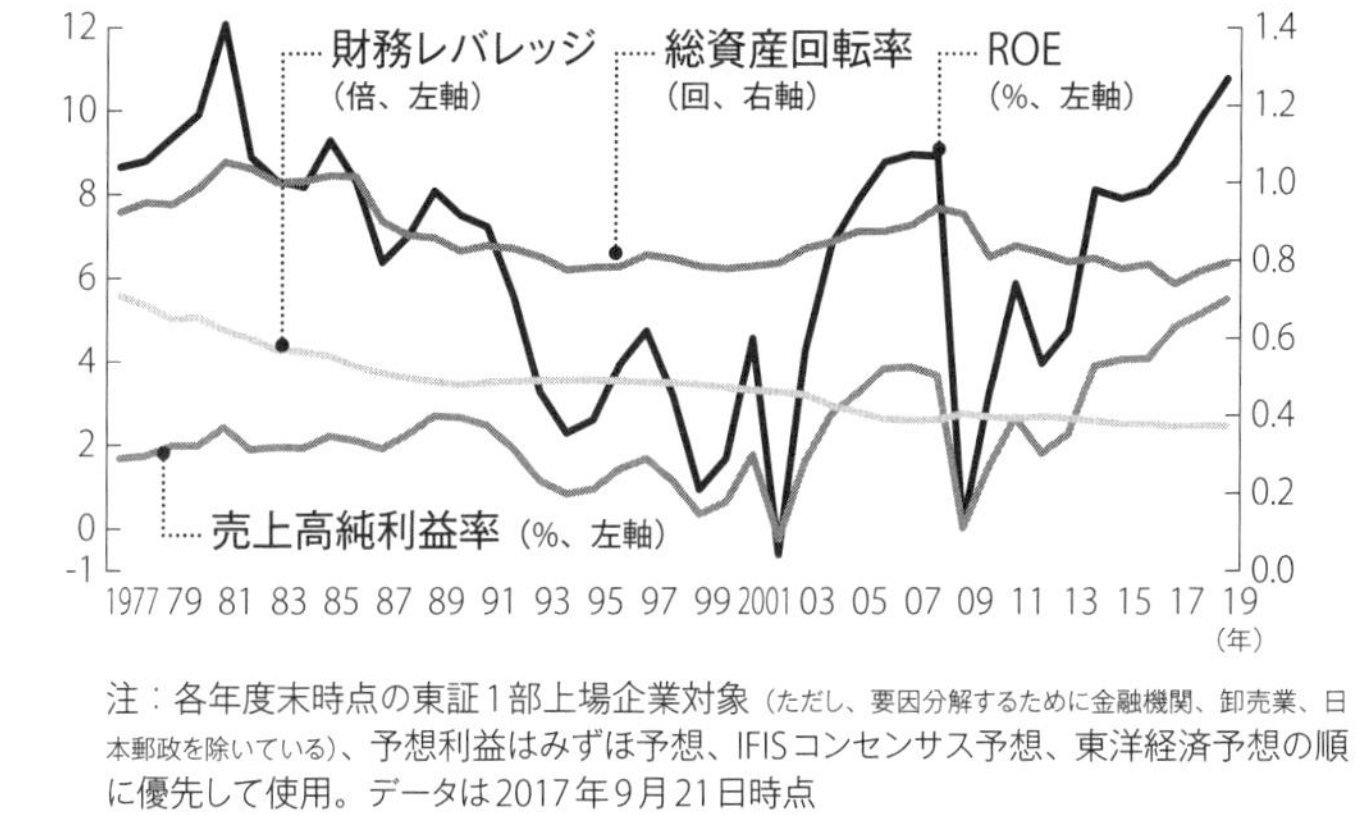

注：各年度末時点の東証1部上場企業対象（ただし、要因分解するために金融機関、卸売業、日本郵政を除いている）、予想利益はみずほ予想、IFISコンセンサス予想、東洋経済予想の順に優先して使用。データは2017年9月21日時点
出所：日本経済新聞社、東洋経済新報社、IFISよりみずほ証券エクイティ調査部作成

昇したので、当時の甘利明経済再生相はＲＯＥが約５割上昇したという言い方をしていました。しかしその後、東証１部全体では、ＲＯＥが２０１５年３月期に７・４％、２０１６年３月期に７・３％と２年連続で低下したことは外国人投資家にとって失望でした（１３１ページ**図表４－１**参照）。東証１部のＲＯＥは２０１７年３月期に７・９％に回復しましたが、まだ８％に達しませんでした。多くの外国人投資家に、日本のコーポレートガバナンスは５年前に比べて良くなったものの、まだ改革が不十分とみられています。

二桁のＲＯＥは投資の大前提

２０１４年８月に発表された「伊藤レポート」は、「グローバルな投資家と対話をする際の最低ラインとして、８％を上回るＲＯＥを達成することに各企業はコミットすべきである」と主張しました。

２０１４年３月期に東証１部のＲＯＥが８％を超えたときには、すぐにでも欧米企業のように二桁に乗るとの期待が出ましたが、逆に２年連続で低下しました。**外国人投資家は少なくとも二桁のＲＯＥを求めています**。２０１５年３月期にＲＯＥが低下したのは、円安＆株高でＲＯＥの分母の株主資本が膨らんだためだった一方、２０１６年３月期にＲＯ

Eが低下したのは円高でROEの分子の純利益が減ったためでした。

企業は為替を操作することはできませんが、リストラで増益基調を維持することや、自社株買いや配当で株主資本を管理することは可能ですから、ROEの2年連続の低下は、日本企業のROEへのコミットメントの低さの現れとみなされました。

ROEは売上高純利益率×資産回転率×財務レバレッジに分解されますが、マイナス金利下でも企業の財務レバレッジが低下したことは、資本構造に対する日本企業の意識が低いためとも解釈されました。日本企業にもROEが欧米企業並みに高い企業もありますが、東証1部の中央値である7・4%より低い領域に多くの企業が分布しています。

みさき投資会社の中神康議社長などを中心とする「『山を動かす』研究会」は、2014年に『ROE最貧国日本を変える』（日本経済新聞出版社）を上梓しましたが、残念ながらROEの低いほうに偏った山はまだ動いていません。

2016年度の「自社株買いの減少」は失望された

自社株買いの発表額が2015年度5・8兆円（日本郵政分を含むと6・5兆円）→2016年度4・5兆円、実施額が同5・5兆円（日本郵政分を含む）→4・6兆円と1兆円近く減ったことは、**外国人投資家から失望されました**。なぜなら、たとえば2016年に米国のGEは1社だけで220億ドル（約2・4兆円）と、日本全体の自社株買いの半分以上にも匹敵する自社株買いを発表しているほどの違いがあるからです。

日本の自社株買いの実施件数は644社↓669社と減っていないので、2016年度の自社株買いの実施額が減ったのは、2015年度にあったNTTドコモなどの大型自社株買いが減ったことに加え、①2016年度は業績見通しが悪かった、②2016年度に日経平均が13％上昇したため、株価上昇局面で自社株買いが減った、③日本企業のコーポレートガバナンスは本質的に良くなっていないことなどが理由でしょう。米国企業は株価上昇局面でも自社株買いが増えるのに、日本企業は株価が上がると自社株買いが減るのはゆゆしき問題です。

2017年度は前年より業績見通しが良いので、自社株買いが増えることを外国人投資家は期待していましたが、2017年上期の自社株買い実施額は前年同期比で3割減りました。三菱UFJフィナンシャル・グループは2017年5月に1000億円を上限とする自社株買いを発表しましたが、米国大手銀行は1兆円以上の自社株買いを行なっているので、「日本の大手銀行の自社株買いは取るに足らないほど小さい」と、外国人投資家から言われました。

日本企業の配当性向は低すぎる！

昔、安定配当が多かった**日本企業で近年、業績連動の株主還元が増えてきたことは外国人投資家から評価されています**。東証１部の自社株買いと配当を合計した株主還元額は２０１６年度に約13兆円と過去最高を更新しました。

しかし、２０１６年度の配当性向は33％と、依然として30％台前半に留まっています。トヨタ自動車が配当性向の目標を30％にしている影響が他企業にも出ているのでしょうが、本来配当性向は企業の成長段階に応じて異なって然るべきです。多くの日本企業は配当性向や総還元性向が現行水準である理由を外国人投資家から問われたら、明確に答えられないのではないでしょうか。日本企業は米国企業より成長性が小さいにもかかわらず、２０１６年度の総還元性向は約50％と、米国企業の約半分しかありません。

生保協会の２０１６年のアンケート調査によると、55％の企業が株主還元・配当政策に関する説明を十分行なっていると考えている一方、機関投資家の43％はあまり説明されていないと感じており、両者の認識ギャップは大きいといえます。

東証１部の予想配当利回りは２％程度に留まっていますが、これが現在の２倍の約４％

になれば、株式投資に慎重な個人投資家も日本株を買うようになるのではないかと、外国人投資家から言われることがあります。

2015年に米国アクティビストファンドのサード・ポイントからの圧力を受けたファナックが平均総還元性向を80％に拡大すると発表したときには、それに続く大企業が増えると期待されました。しかし、続く動きとしては、2016年に京セラが配当性向の目標を30％から40％に引き上げた程度でした。主要企業の資本政策の見直しが思ったほど増えなかったことに対して、外国人投資家から「失望した」と言われました。

「キャピタル・アロケーション」が重要

外国人投資家と話していると、企業の資金使途を問うキャピタル・アロケーションという言葉が頻繁に出てきます。決算短信に掲載されているキャッシュフロー計算書を見ると、企業が営業活動から得られたキャッシュフローを設備投資、配当や自社株買い、借入金の増減にどう使っているかわかります。

財務省の法人企業統計（単体ベース）で、企業の資金配分を知ることができます。日本企業の内部留保は2016年度末まで5年連続で過去最高になり、406兆円と名目GDP

の約8割に達しました（**図表4－2**）。高いリターンが見込まれる設備投資の機会が減り、巨額の設備投資を必要としないテクノロジー企業の隆盛によって、設備投資全体が増えにくくなりました。また、新興国企業との競争激化によって、賃金上昇を抑制し、現預金を増やす現象は先進国企業に共通しているので、日本企業だけが責められるわけでありません。

しかし、**英米の大企業であれば、株主からの圧力で、設備投資に使わない資金は株主に還元することが求められます。**2017年10月の衆議院選挙で、希望の党が内部留保課税を提言したことで、企業の資金使途への関心がさらに高まりました。

図表4-2 ◉ 日本企業の内部留保、設備投資、従業員給与、配当

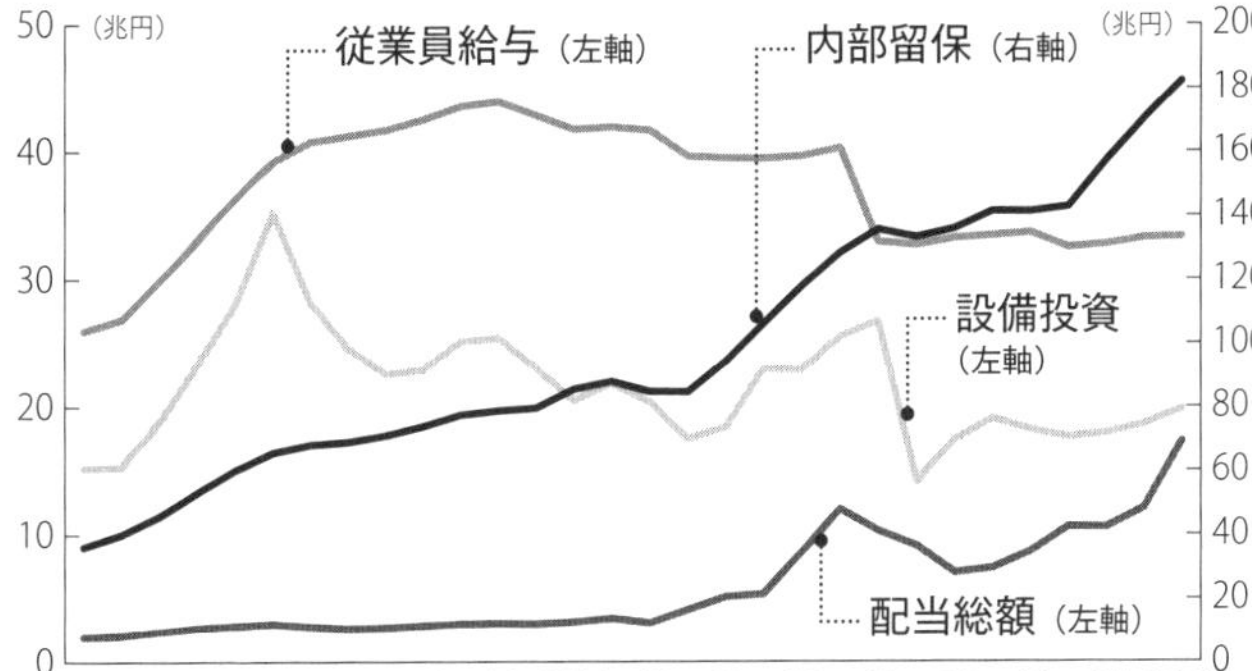

注：金融を除く全産業・資本金10億円以上の企業、設備投資はソフトウェアを除く
出所：財務省より

日本企業でも中期経営計画に、将来的な資金使途を明記する企業が増えてきたことは評価されています。たとえば、積水化学は2017年4月に発表した2017〜19年度の中期経営計画で、3年間の予想営業キャッシュフロー3000億円を、M&Aに1300億円、戦略設備投資に700億円、通常投資に880億円、環境貢献投資に120億円使うとしました。ただ、外国人投資家からは、実際に使われるかどうかわからないM&A枠は資金使途に入れる必要はないし、大企業であればM&A資金は銀行から簡単に借りられるため、M&A枠は株主還元を避けるための言い訳ではないかとの批判があります。総じて、外国人投資家は日本企業は資金使途の説明が下手だとみています。

バランスシートへの関心が低い日本企業に不満

日本企業の経営者でも、売上にしか興味がないという経営者は大きく減って、利益重視の姿勢が鮮明になりました。しかし、損益計算書にのみ気を取られて、バランスシート（貸借対照表）に関心が低い経営者は依然多いといえます。

外国人投資家は**リターンを産まない無駄な現預金は保有すべきでないと考える一方、負債比率を上げると資本コストが低下するので、倒産リスクが高まらない程度に、負債比率**

を上げるべきと考えます。コーポレートガバナンス・コードの原則も、「上場会社は資本政策の動向が株主の利益に重要な影響を与えることを踏まえ、資本政策の基本的な方針について説明すべき」としています。

米国の偉大な投資家であるウォーレン・バフェット氏が師と仰いだベンジャミン・グラハム氏（「バリュー投資の父」と呼ばれ、1949年に書いた『賢明なる投資家』は、バリュー投資家のバイブルになっている）の根本的考えは、安全域（margin of safety）であり、清算価値以下で取引されている企業に注目します。

いまでも、米国のバリュー投資家を訪れると、『賢明なる投資家』が書棚に置いてあることがよくありますし、近年ではコロンビア大学ビジネススクール教授のブルース・グリーンウォルド教授が2004年に書いた『バリュー・インベスティング』（日本経済新聞社から『バリュー投資入門』として刊行されている）などが、米国のバリュー投資家に読まれています。バランスシートが非効率で、対話を通じて改善の余地がある企業に投資しようというバリュー志向の投資家がいます。

その点、日本企業はマイナス金利になったいまも、自己資本比率をさらに上げたいと考えたり、最適な自己資本比率がどこか尋ねても答えられなかったりする企業が多くあります。外国人投資家はバリュー企業に興味を持っていますが、そうした企業が外国人のバリュー投資家の投資基準を満たすことは少なくなっています。なぜなら、非効率なバランスシートであっても、長年それを維持したまま、そのバリューが解放されないバリュートラップに陥っている企業だとみられるからです。東証1部では依然として約3分の1の企業がPBR1倍割れになっています。

外国人投資家はオーナー社長を好む

社長の実力とパーソナリティを重視

テクノロジーの進化が速く、グローバル競争が厳しくなるなか、社長が素早く的確な判断をできるかどうかが企業業績を左右する面が強くなっています。世界的に社長の報酬が上がっているのも、優秀な経営者の希少性が高まっているためと解釈されます。

一般に、日本企業では社内昇進のサラリーマン社長がほとんどで、4年程度で変わることが多く、社長時代にはリスクを取らずに、平穏に過ごして、会長になることを目指すケースが少なくない印象です。それに対して、外国人投資家は株主と経営者の目線が一致する、社長が創業者で大株主であるオーナー系企業を好む傾向があります。**外国人投資家からは中小型株も含めて、社長の持株比率が高い銘柄のリストがほしいというリクエストを**

もらうことがあります。

オーナー系社長には、１兆円単位の投資を大胆に決めるソフトバンクグループの孫正義社長、自己資金まで注ぎ込んで果敢なＭ＆Ａを行なう日本電産の永守重信会長兼社長、後継者問題を抱えながらもグローバル経営を大胆に進めるファーストリテイリングの柳井正会長兼社長のような経営者がいます。いずれも自社の創業者兼大株主であるため、経営者と株主の利害が一致しています。オーナーの持株比率が高すぎると、株式の流動性が低下するデメリットはありますが、メリットのほうを重視してオーナー系企業に投資したい外国人投資家が多くいるのです。

名古屋のインテリア企業のサンゲツでは、三菱商事出身の安田正介社長が２０１４年に就任して、株主重視経営に舵を切ったように、社長交代はコーポレートガバナンス改革のきっかけになると注目する外国人投資家がいます。２０１７年の社長交代ではグンゼで初の営業出身の社長になった廣地厚社長が、ＲＯＥ重視の経営を掲げて、株価が急上昇した例もあります。

逆に、オーナーでも創業者でもなく、業績が低迷しているのに、長年経営権を握っている大日本印刷の北島義俊社長、フジ・メディア・ホールディングスの日枝久相談役などは批判的に見られています。

やるべきことをやれば役員報酬の引き上げは歓迎

外国人投資家は株主価値（株式時価総額）**を、数千億円規模で増やしてくれる経営者は年収数十億円もらっても構わないと考えています。**経営者と株主のベクトルの方向性を合致させて、経営者と株主は運命共同体であってほしいと思っています。日本では経営者の給料は社長のお手盛りで不透明な決め方をしている企業が多いのですが、役員報酬の決め方を明確な方程式で開示し、高額報酬も堂々ともらってほしいと思っています。

日本の役員報酬は、①国際比較で水準が低い、②企業業績や株価との連動性が低い、③情報開示が不十分などの問題があります。

報酬コンサルタントのウイリス・タワーズワトソンが毎年発表している「日米欧CEO報酬比較」によると、米国主要企業のCEOの平均年収が2016年に13億円であったのに対して、日本の平均年収は1・4億円と、米国の約10分の1でした（144ページ**図表4−3**）。役員報酬の内訳も日本では基本報酬が58％も占め、年次インセンティブが29％、長期インセンティブが13％に過ぎなかった一方、米国では長期インセンティブが71％も占め、年次インセンティブは19％、基本報酬は10％に過ぎません。三菱UFJフィナンシャル・

グループの平野信行社長の2016年度の報酬が1・4億円だったのに対して、JPモルガン・チェースのジェームズ・ダイモンCEOの2016年の報酬2800万ドル（約32億円）のうち、95％は会社のパフォーマンスで決まる変動報酬でした。かつて、日本企業のほうが長期的ビジョンを持っているといわれた時代もありましたが、米国企業のほうが長期的な視点からの経営を行なっているといえます。

　こうした長期インセンティブの付与で、米国企業の経営者には自分の任期中（3〜5年）の業績や企業価値を上げようという意欲を強く持っています。

図表4-3 ◉ 日米英の主要企業のCEO報酬額

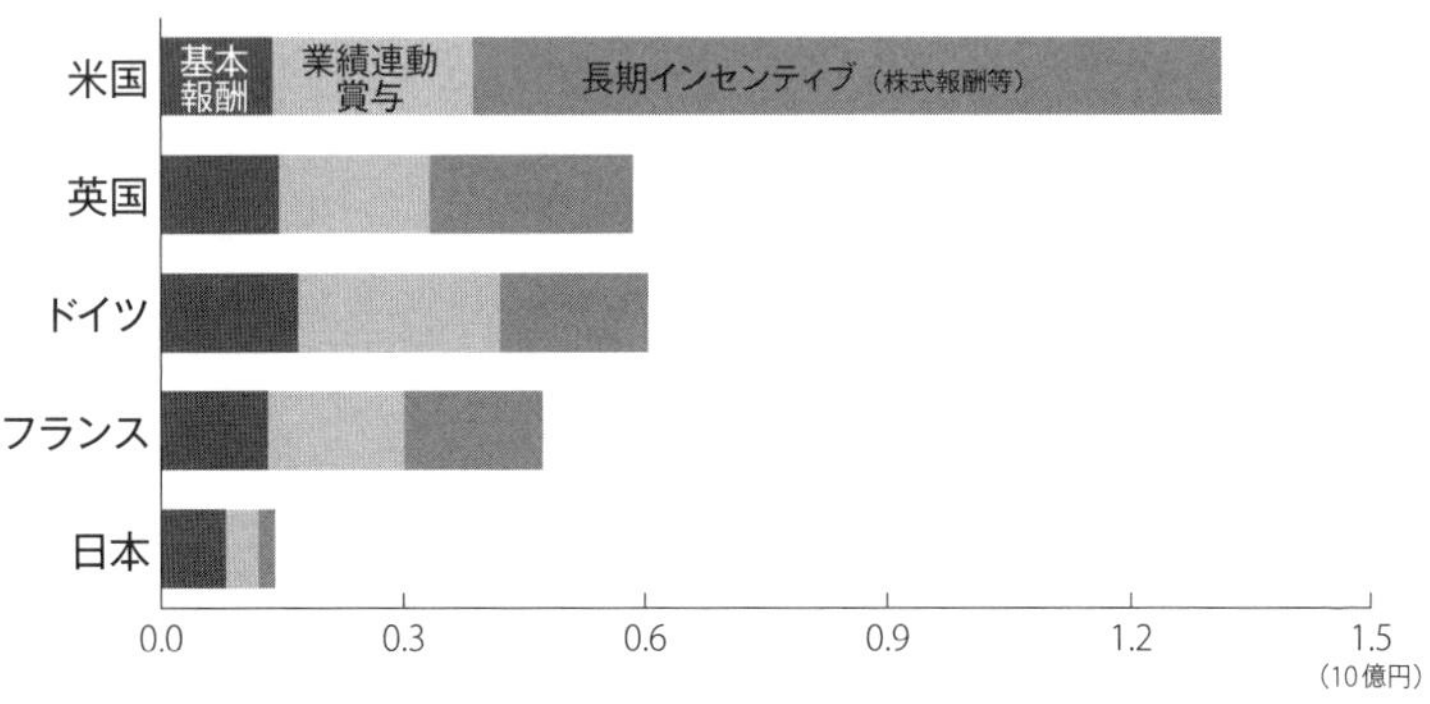

注：2016年時点、売上高等が1兆円以上の企業対象
為替レートは2016年平均TTM（1ドル=108.84円、1ポンド=147.72円、1ユーロ=120.33円）
出所：ウイリス・タワーズワトソン資料より

役員報酬制度を改革した企業は評価される

経営者の移動が激しい英米では、競争的な報酬パッケージを提示しないと、優秀な経営者を採用することができません。英米企業は役員報酬を決める際にどの企業と比較したかを開示します。たとえば、アップルは２０１６年にアマゾン、ディズニー、ＩＢＭ、マイクロソフトなど22社の役員報酬と主に比べたと開示しました。

米国では報酬上位５名の過去３年分の報酬が開示されますが、日本では２０１２年から、報酬１億円以上の個別役員の氏名と金額の開示が求められるようになりました。東京商工リサーチによると、２０１７年６月末時点で、２０１７年３月期の有報を提出した２４２６社のうち、役員報酬１億円以上を受け取った役員を個別開示した上場企業は２２１社で、開示人数は４５７人と、過去最多を更新しました。業績回復を受けた動きといえますが、１億円以上の報酬開示をよしとする社会風潮の反映でしょう。

１社当たりの個別開示人数は、最多が三菱電機の22人で、２０１４年３月期以降、４年連続でトップとなりました。三菱電機のような伝統的な日本企業が１億円以上の役員を多く出すことは、**日本の伝統的企業の役員報酬への考え方が良い方向に変わってきたことを**

意味し、外国人投資家から歓迎されています。三菱電機以外では、オムロン、東京エレクトロン、横河電機などの役員報酬制度が評価されます。

不透明な「相談役・顧問」には反対

日本企業の場合、次期社長は現社長に選ばれます。新社長が就任すると、前社長は会長、前会長は相談役や顧問になり、社用車や秘書つきで、亡くなるまで会社にしがみつくことが少なくありません。日本の経営者は現役時代の報酬が低いこともあり、社長を退いた後も会長・相談役としての報酬を得ようとするという背景もあります。

こうした慣行は誰が本当に会社の決定権を持っているのか外部からはわからない状況を招き、会社経営の意思決定権の二重・三重構造が、日本企業の迅速かつ適切な意思決定を遅らせ、東芝の不正会計事件などを生んだとも考えられます。すなわち、会長が決めた不採算事業への投資を、会長から指名された社長が中止することは容易でありません。

また、取締役でない相談役や顧問は、有価証券報告書にも掲載されず、いったい何人いるのか、報酬はいくらなのか極めて不透明です。**外国人投資家はこうした相談役や顧問制度を開示するよう強く要求しています。**

相談役・顧問の実態を開示せよ！

東証は２０１７年８月に発表したコーポレートガバナンス報告書の記載要綱の改訂で、２０１８年より相談役・顧問の開示を求めました。しかし、開示が求められるのは、代表取締役社長等を退任した者が、取締役など会社法上の役員の地位を退いた後、引き続き相談役・顧問等の役職に就任、または何らかの会社と関係する地位にある場合だけであり、代表取締役でなかった役員や、役所や日銀等から顧問になる場合は該当しません。

相談役・顧問等の開示事項は、①氏名や役職・地位、②業務内容、③勤務形態、報酬の有無、④代表取締役社長の退任日、⑤相談役・顧問としての任期、⑥相談役・顧問の合計人数、⑦相談役・顧問の存廃に係る状況、⑧相談役・顧問に関する社内規程の制定改廃や任命に際しての取締役会や指名・報酬委員会の関与の有無など、広範囲です。

相談役・顧問の開示要求は外国人投資家から歓迎されるでしょう。議決権行使助言会社のＩＳＳは、２０１７年の日本向け議決権行使助言基準で、相談役を新設する定款変更に原則反対を推奨しました。相談役に限らず、顧問、名誉会長、ファウンダーなど、活動の実態が見えにくい名誉職的なポストが対象とされました。ただし、相談役・顧問を定款に盛り込まず、会社組織上の正式なポジションでない場合はＩＳＳから反対されません。**相談役・顧問の不明瞭な存在が開示され、日本企業の意思決定プロセスが明確になることは、外国人投資家から歓迎されるでしょう**。みずほフィナンシャルグループは２０１７年10月に、自主的に元社長等である相談役・顧問等の氏名を公表しました。

「優秀な社外取締役」がいる企業を高評価

コーポレートガバナンス・コードは、少なくとも２名以上の独立社外取締役を選任すべき、グローバル企業は少なくとも３分の１以上の独立社外取締役を選任すべきとしました。

２名以上の社外取締役がいる東証１部企業の比率は２０１４年の22％から、２０１７年７月に88％へ増え、３分の１以上の社外取締役がいる企業の比率が６％から27％へと増えたことはアベノミクスのコーポレートガバナンス改革の成果と評価されます。

とくに、ＨＯＹＡやスミダコーポレーションなどのように**社内取締役は社長だけで、他は社外取締役という取締役会が外国人投資家から評価されます**。

社外取締役が１名しかいない企業として有名なのは日産自動車ですが、日産自動車はコーポレートガバナンス報告書で、「独立社外取締役としての適任者を選定でき次第、増員する予定」と述べました。社外取締役の選定基準が厳しいのかもしれないと思う一方、日産自動車はルノーの子会社で、カルロス・ゴーン社長の影響力が強いので、社外取締役の重要性が低いのかもしれません。しかし、日産自動車の工場で不適任者による検査が判明したことは、社外取締役によるチェック体制の不備とみなされました。

外国人投資家は社外取締役の人数だけでなく、その資質を問います。学者、弁護士、会計士などの経営経験がない社外取締役への評価が低い一方、HOYAなどの社外取締役を務める浦野光人ニチレイ相談役、武田薬品工業の社外取締役などを務める坂根正弘コマツ相談役など、**経営者として実績のある社外取締役が評価されます**。あおぞら銀行などの社外取締役を務める伊藤友則一橋大学教授は元投資銀行出身です。日立製作所などの社外取締役を務める山本高稔氏は元著名電機アナリストです。

外国人投資家は資本市場の論理をよく理解した社外取締役を求めています。また、外国人投資家は社長やIR担当者などだけでなく、社外取締役と経営について対話したいと考えていますが、投資家と社外取締役とのミーティングをブロックする日本企業は少なくありません。社外取締役が形式的な存在であり、社外取締役に投資家と対話する能力がないことを示唆するのかもしれません。

日本人が想像する以上にコーポレートガバナンスを求めている

株式持合の解消が遅いことに大きな不満

外国人投資家は**株式持合解消が遅いことに不満を抱いています**。過去5年間、株式持合比率は9%台で安定的に推移していますが（**図表4－4**）、安定株主比率は50%程度との推計もあります。金融庁からの圧力を受けた大手銀行は、計画どおりに持合解消を進めているのに対し、事業会社は株式持合を解消する意欲が低いようです。

たとえば、三菱ＵＦＪフィナンシャル・グループは政策保有株を２０１５年度に約１２００億円（取得原価ベース）、２０１６年度に約１５００億円売却した結果、政策保有株の「Tier1 比率が２０１４年度末の19・7%から、２０１６年度末に16・6%に低下しました。同比率を２０２０年度に10%程度に引き下げることを目標にしており、着実に進展しているとコメントしました。三井住友フィナンシャルグループも２０１６年度に政策保有株を約１０００億円売却し、２０１５年９月末に28％だった政策保有株のTier1比率を２０２０年に14％に半減する目標は、計画どおりに進捗していると述べました。

一方、機関投資家からの経営関与を嫌がる事業会社は、持合解消に消極的です。２０１６年度は富士通と富士電機の持合解消などが評価されましたが、２０１７年に入ると、デンソーとイビデンの新たな資本業務提携に、外国人投資家からは「業務提携だけで十分であり、なぜ新たな持合をつくる必要があるのか」と疑問が呈されました。

図表4-4 ◉ 株式持合比率の推移

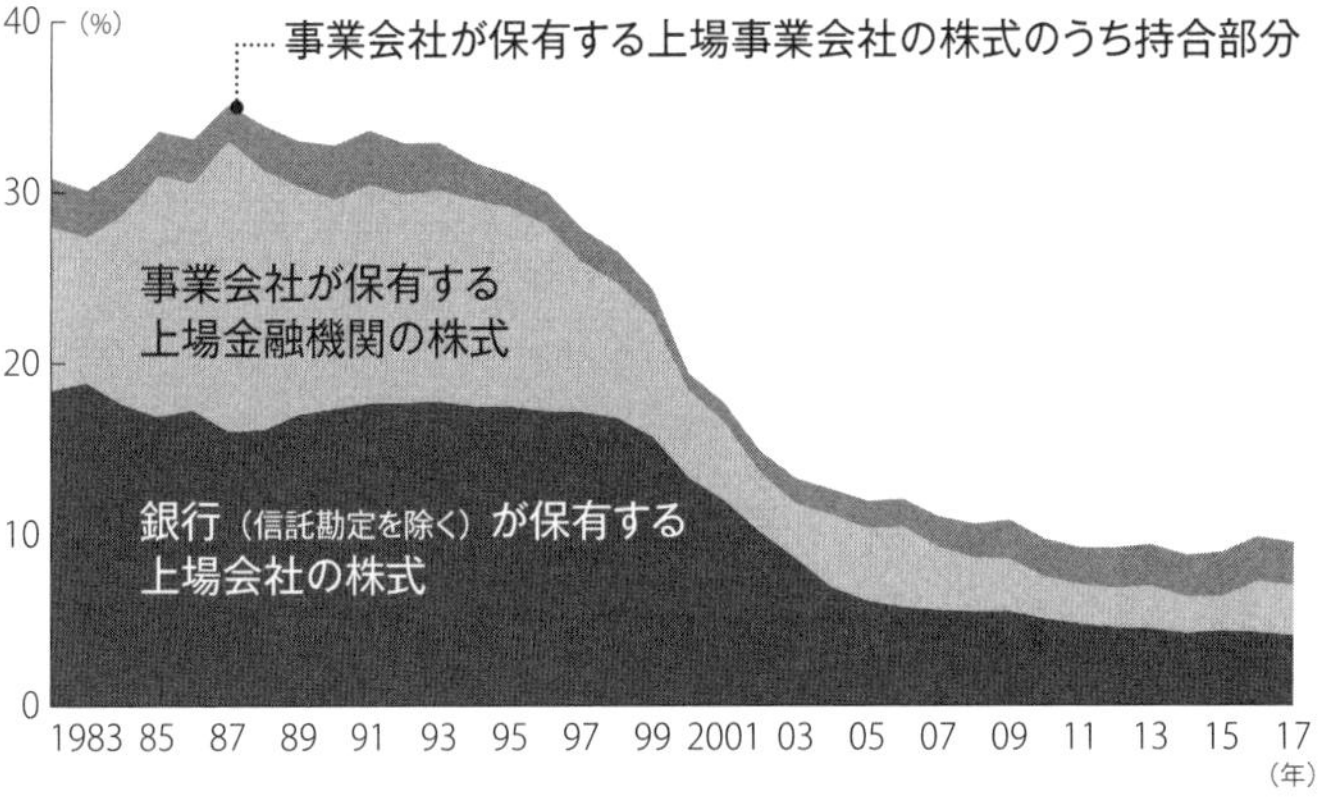

注：全国上場ベース。金額ベース。生保による保有は持合とみなさない

企業年金連合会の濱口大輔運用執行理事は、2017年1月の金融庁のスチュワードシップ・コードに関する有識者検討会で、「日本の株式市場はいまだに政策保有株主の比率が大きく、機関投資家の影響力は限定されている。スチュワードシップ・コードが実効性を発揮するためには、政策保有株式の大規模な削減が必要で、政府による積極的な対応が必要だ」と述べました。

2017年10月に再開した金融庁の両コードのフォローアップ会議では、株式持合が大きな議題になったため、今後の株式持合の解消促進策に期待したいところです。ドイツのシュレーダー改革的な株式持合解消促進策が導入されたり、日銀がETF購入を止めて、企業から持合株を買い取ったりすれば、ポジティブサプライズと受け止められるでしょうが、現時点で両者とも実現性は乏しいようです。株式持合のディスクロージャー強化だけでは不十分と考える外国人投資家が多数います。

アベノミクスで大きく改善したコーポレートガバナンス意識

アベノミクスの大きな成果の一つであるコーポレートガバナンス改革は、英国からの輸入で行なわれているので、英国投資家が強い関心を抱いています。

2014年2月に策定された日本版スチュワードシップ・コードでは、英国版にある集団的エンゲージメントに関する原則が削除された代わりに、「機関投資家は投資先企業との対話やスチュワードシップ活動に伴う判断を適切に行なうための実力を備えるべき」との原則が加えられました。長期の投資や対話の実績がある英国投資家に比べて、日本の機関投資家はそうした経験が少ないとみられたためでしょう。

スチュワードシップ・コードは2016年12月までに214の内外運用会社が受け入れました。日本の機関投資家はすべて受け入れ、日本株に投資している外国運用会社もほとんど受け入れました。しかし、事業会社の年金基金で受け入れたのはセコムしかありませんでした。年金基金の常務理事には、年金を拠出する企業の財務担当者が就くことが多く、スチュワードシップ・コードを受け入れると、自らの企業や取引先企業の経営にも厳しいことを言わざるを得なくなることを恐れているのでしょう。

外国人投資家からは、自らが運営する企業年金で、スチュワードシップ・コードを受け入れない企業はその理由を、コーポレートガバナンス報告書で説明させるべきだとの意見が出ています。安倍政権はスポンサーの一つである経団連に対して甘い面がありますが、大企業が嫌がる政策も、コーポレートガバナンス改革のためになしとげる必要があるでしょう。

日本の機関投資家はもっと議決権行使をすべき

スチュワードシップ・コードは3年後に見直されることになっていたため、金融庁における専門家による議論を経て、2017年6月に改訂されました。改訂内容で最も注目されたのが、機関投資家は議決権の行使結果を、個別の投資先企業および議案ごとに公表すべきとし、個別に公表しない場合は、その理由の説明が求められるようになったことです。

これまで日本のほとんどの機関投資家は議決権行使結果を、取締役選任や剰余金処分など議案ごとに合計して賛否を公表しており、トヨタ自動車の豊田章男社長の再任に賛成したか、反対したかなど個別企業の個別議案に対する賛否を開示してきませんでした。

また、日本のほとんどの大手運用会社は銀行、証券会社、生損保の子会社であることもあり、親会社の取引関係に配慮して、客観的な議決権行使基準に基づく議決権行使をしていないのではとの利益相反問題が指摘されてきました。

2017年6月以降に開示された国内運用会社の議決権行使結果の個別開示によると、三菱UFJ信託銀行が三菱グループの三菱自動車の取締役選任に反対したり、大和投信が自社の投信を販売している日本郵政の取締役選任に反対したりするなど、利益相反問題を感じさせない議決権行使を行なったことが判明しました。三井住友アセットマネジメントに至っては、親会社である三井住友銀行の取締役選任に対して反対票を投じる厳しい議決権行使を行ないました。

２０１７年６月の株主総会全体としては、企業業績が好調だったことや、機関投資家と投資先企業との対話が進んだ結果、国内運用会社の反対率はおおむね前年比横ばいで推移しました。そのため、議決権行使の個別結果開示で、**国内運用会社による反対が増えて、低ＲＯＥや長期業績低迷企業の社長が解任されるとの期待を抱いた外国人投資家からは期待外れだったとの声も出ました**。しかし、国内運用会社は客観的な議決権行使をすでに行なっており、問題の根本は持合株主にあるといえるでしょう。

外国人投資家は和製アクティビストに期待

日本株に投資するアクティビストファンドとしては、米国のサード・ポイントや香港のオアシスなどが有名です。日本で激しいアクティビストが受け入れられにくいことを認識しながらも、**外国人投資家は和製アクティビストファンドにもっと出てきてほしいと思っています**。情報サイト「Activist Insight」によると、２０１３年以降２０１７年上期までに日本でも83のアクティビストファンドによる要求がありましたが、うち要求が何らかの形で満たされたのは20％のみでした。元々、建設的な対話、エンゲージメント、アクティビスト活動は紙一重の違いです。投資先企業との対話を重視する日本の多くのファンドは、アクティビストと呼ばれることを嫌い、エンゲージメントファンドやガバナンスファンドと呼んで欲しいといいます。

そうしたなか外国人投資家から注目されているのが、元村上ファンドの丸木強氏が経営するストラテジックキャピタルです。

ストラテジックキャピタルは低ＲＯＥやキャッシュリッチ企業などに対して、次々と株主還元増加などの提案を行なっており、株主提案が株主総会で可決されたことはありませんが、提案を受けた企業は自社株買いや増配を行なうことが多くなっています。ただし、ストラテジックキャピタルは日本の大企業をターゲットとする海外アクティビストファンドに比べて運用資産が小さいので、投資対象は中小型株が中心になっています。

２０１４年に株主提案を受けたアイネスは、自社株買いや不要資産の売却などを行なう株主重視企業に変わりました。ストラテジックキャピタルから3度にわたって株主提案を受けた日本デジタル研究所は、２０１７年にＭＢＯに追い込まれました。２０１７年に株主提案を行なった蝶理は、中期経営計画で配当性向の目標を20％から25％以上に引き上げました。ストラテジックキャピタルからネットキャッシュなのに不必要な公募増資を行なったと批判された帝国電機製作所も、自社株買いと記念配当を含む増配を発表しました。

外国人投資家はこうした株主利益を実現する動きが、大企業にも広がってほしいと考えています。

コーポレートガバナンス・コードへの誠実な対応で株が買われる

スチュワードシップ・コードも、コーポレートガバナンス・コードも表面的な受け入れではなく、誠実に対応することが求められます。表面的であることは、英語でスーパーフィシャルやチェック&ボックスタイプの受け入れと表されます。

コーポレートガバナンス・コードは２０１５年６月から東証１・２部企業に適用が開始されました。企業はコーポレートガバナンスに関する73の原則（5つの基本原則、30の原則、38の補充原則）について、実施するか、実施せずに説明するか開示が求められ、毎年アップデートされます。

東証の２０１６年末の集計によると、20％の企業が全原則を実施し、65％の企業が実施率90％以上、15％企業が実施率90％未満でした。説明率が高い項目は、議決権行使の電子行使のための環境整備と招集通知の英訳の58％、取締役の実効性に関する分析・評価の45％、業績連動の報酬と現金報酬・自社株報酬の適切な割合設定の31％、海外投資家比率を踏まえた英語での情報開示の30％、指名・報酬等の独立社外取締役の関与・助言の26％、独立社外取締役の2名以上の選任の21％でした。

とくに、英語情報の少なさに不満を抱く外国人投資家が多くいます。コーポレートガバナンスが良いことで有名なオムロンは、日本語で「オムロン　コーポレートガバナンス・ポリシー　持続的な企業価値の向上を目指して」、英語でも「OMRON Corporate Governance Policies ~ Seeking sustainable enhancement of our corporate value」を出しています。

ただ、オムロンの場合、コーポレートガバナンスの良さは内外機関投資家のあいだですでによく知られているので、それだけでは株が買われにくくなっていますが、経営者の考え方が変わり、**コーポレートガバナンスが良くなるときに外国人投資家に注目され、最も株価が上昇する可能性が高まります。**そうした機会を逃さないためにも、外国人投資家は日本企業のコーポレートガバナンス関連の情報を求めています。

持合株式の記述や取締役の実効性評価に不満

コーポレートガバナンス・コードは企業に対して、①政策保有株の保有方針を開示すべき、②取締役会で政策保有の経済合理性を検証して、合理性について具体的な説明を行なうべき、③議決権行使についての基準を策定・開示すべきとしています。しかし、企業の政策保有株式に関する記述は、内外機関投資家の不満が大きい項目です。

たとえば、持合株が多く、低ＲＯＥで有名な大日本印刷は、①営業政策上の得意先との関係強化のために政策保有株を保有している、②保有の意義・目的は定期的に検証している、③議決権行使は当社の業績および企業価値を高めることに資するかどうかを判断基準にしていると述べています。**このように形式的な遵守をしているだけの企業に対する外国人投資家の期待は低くなります。**

機関投資家が議決権行使の個別結果の開示を求められたのと同様に、事業会社にも持合株の議決権行使結果の個別開示を求めるべきとの意見が出ています。取締役会の実効性評価についても、専制的な社長に厳しい意見を言う取締役はいないので、外部の第三者機関を入れてきちんとチェックすべきと外国人投資家は考えています。

大胆なM&Aなど事業再構築への評価は高い

日本企業のM&Aは海外企業ばかりであることに違和感

日本企業が関連したM&A金額は2016年に17兆円と、大手銀行の経営統合が相次いだ1999年に次ぐ2番目の規模になりましたが、1999年が国内企業同士のM&Aが67%を占めたのに対して、2016年は日本企業による海外企業買収が63%を占めました。

医薬品で世界17位の武田薬品工業は経営をクリストファー・ウェバー社長兼CEOなど外国人に任せて、世界トップ10入りを目指して大型の海外M&Aを行なってきました。医薬品・医療機器で世界的にみれば小規模の大日本住友製薬や日医工などの企業も、海外企業買収を行なっています。いくつかの日本企業は株主のために海外企業の傘下に入ってもいいはずですが、依然として日産自動車やシャープなどのように、経営難にならないと海外企業に買収されない傾向があります。2017年8月に第一三共が、英国の大手薬品のアストラゼネカから買収提案を受けていたと報じられて、株価が急騰したことは、**日本の主要企業の海外企業による買収を待ち望んでいる外国人投資家が多いことの現れ**です。

逆に、日本企業の海外M&Aでは、東芝のウェスチングハウス買収のように経営の屋台骨を揺るがすような失敗案件が多数あります。日本企業で海外M&Aの巧者はJTやダイキン工業など少数です。日本のように潜在成長率が低く、労働市場も硬直的な国に対内直接投資を呼び込むことは容易でありません。買収防衛策を禁止し、中国企業を含めて外国企業による日本企業の買収を歓迎すると宣言するぐらいの心意気が必要でしょう。

買収防衛策の廃止を歓迎

買収防衛策の中止・廃止は、外国人投資家から歓迎されています。M&Aデータベース会社のレコフの集計によると、買収防衛策の導入社数は2008年末の569社から、2017年4月27日時点で437社に減った一方、中止企業は同期間に26社→228社と増えました。日本企業のガバナンス意識が高まっていることに加えて、株主総会で買収防衛策の継続に反対する機関投資家が増えていることに対応した措置と考えられます。

パナソニックは2016年12月に買収防衛策を約11年ぶりに廃止する理由として、国内外の機関投資家をはじめとする株主の意見、買収防衛策を巡る近時の動向、コーポレートガバナンス・コードの浸透などを挙げました。

事実、野村アセットマネジメントやニッセイアセットマネジメントなどは、2017年4〜6月の株主総会で買収防衛策の会社提案にすべて反対しました。積水化学は2017年4月に買収防衛策を約9年ぶりに廃止する理由として、「買収防衛策の本質的な有意性は消失したわけでないが、当社の経営状況（3期連続で最高益を更新）や買収防衛策を取り巻く近時の動向、株主の意見、独立社外役員が過半数を占める指名・報酬委員会の答申を踏まえて、廃止を決定した」と述べました。持合株主の存在によって、事実上、日本の大企業が外国企業によって買収される可能性は低いので、せめて買収防衛策の廃止で株主重視の姿勢を示すべきでしょう。

「スピンオフ制度」に大きな期待

経済産業省は以前から日本企業は大胆な事業再編が少ないことが、国際競争力の低下につながっていると考え、さまざまな業界再編促進策を打ち出してきましたが、国に企業合併を強制する権限はなく、大きな成果はありませんでした。

2014年1月に施行された産業競争力強化法で、税制上のインセンティブを与えて事業統合を促す特定事業再編策は、日立製作所と三菱重工業の火力発電関連部門の統合など5件しか使われませんでした。産業競争力強化法50条は、過剰供給に陥っている業界を調査・公表して、事業統合や設備集約を促す内容で、石油化学、電炉、板硝子などが特定されましたが、出光興産と昭和シェル石油の経営統合は、出光興産の創業家の反対で実現していません。

一方、シンガポールのエフィッシモキャピタルが大量保有報告書を出している東京鉄鋼は2017年8月に伊藤製鉄所との経営統合の協議開始を発表しました。2017年4月にコカ・コーラウエストとコカ・コーライーストジャパンが統合して発足したコカ・コーラボトラーズジャパンは、株主、経営陣、従業員の三方にとって良かった経営統合として、外国人投資家からも評価されました。こうした事業再編は外資系企業だからできた経営統合だともみられました。

2017年4月から導入されたスピンオフ制度は外国人投資家の期待が最も高かったのですが、いまのところ一度も使われていません。スピンオフとはシナジーがない部門を切り出して分離して、その事業部門の新株を発行して、既存株主に渡して、会社を分割する手法です。米国アクティビストファンドのサード・ポイントは2013年にソニーに対してエンタテンイメントの分離上場を提案しましたが、ソニーは他部門とのシナジーがあるとして拒否しました。

一方、米国では大手化学のダウ・ケミカルとデュポンが統合したうえで、ピュアプレイ（特定の製品やサービスに特化した会社）の農薬、材料化学、特殊製品の3部門に分割しました。ゼロックスは著名アクティビストのカール・アイカーン氏からの圧力で、成熟事業のプリンティングと、成長事業のBPO（ビジネス・プロセス・アウトソーシング）に会社を分けました。欧州でも1853年創業の歴史あるドイツのバイエルは、化学品部門をスピンオフし、米国のモンサントを買収するなど、ライフサイエンス事業に集中しています。

日本は小規模のコングロマリットが多く、選択と集中を極めたピュアプレイに国際競争で敵うわけがありません。**外国人投資家は日本企業がスピンオフ制度を大胆に使って事業再編を進める日を待っています。**

上場する意義のない企業は退出すべき

日本には東証1部だけで2000社超、新興市場も入れると約3500社の上場企業がありますが、流動性や株主重視等の観点で、外国人投資家の眼に適う企業は少ないといえます。

世界的にテクノロジー株を中心としたグロース相場が続いていますが、FANG的な株がない日本は、第4次産業革命の負け組とみられています。外国人投資家が買いたいような数少ない大型グロース株（たとえば、キーエンス）のバリュエーションは、すでに高いと感じられています。上場している意義を考えない企業も含まれるTOPIXをパッシブで、日銀やGPIFが継続的に買っていることへの批判があります。株価指数は国にとっての戦略商品なので、日本も米国のS&P500、英国のFTSE100、ドイツのDAX30などのように、勝ち組だけを対象にした株価指数への投資を増やすべきとの意見が出ています。

日本には資金調達の目的がなくても、知名度向上や人員採用が容易になるなどの理由で上場する企業が後を絶ちません。東証も上場企業による上場手数料が収入なので、上場企業を増やそうというインセンティブが働きます。**外国人投資家は上場する意義がない企業は、MBO（Management Buyout）により株式市場から退出すべきと考えています。**

MBOのメリットとしては、①短期的な株価維持を求める株主からの批判や監視を気にせずに、長期的な視点から会社にとって真に必要な改革を行なえる、②過去のしがらみを絶ち、投資ファンドなどの知見をいれて、ドラスティックな経営改革を実施できる、③経営陣が大株主になることで、経営陣と株主の利害が一致した経営を行なえることなどが挙げられます。村上ファンドから社外取締役を送り込まれた黒田電気は２０１７年10月に非公開化を発表しました。

第５章

FOCUS ON FOREIGN INVESTORS' INVESTMENT STRATEGY

外国人投資家の投資行動を活用して儲けるための７つの方法

① 外国人投資家の「日本株売買の季節性」を活かして売買する

第1章で述べたように、外国人投資家は4月に日本株を買い、8~9月に売り越す傾向があります。2000年以降、日経平均を4月に買って9月に売った場合、平均リターンは-3％だった一方、9月に買って4月に売った場合の平均リターンは14％でした。

ずっと上昇しているように見えるニューヨーク・ダウですが、同期間にニューヨーク・ダウも4月に買って、9月に売った場合の平均リターンは-1％だったのに対して、9月に買って4月に売った場合の平均リターンは13％でした。米国株の季節性が外国人投資家の日本株売買の季節性をつくり出しているともいえます。

いわゆる季節的なアノマリーだけに永続する保証はありませんが、世界経済が成長するなかで、**何らかの理由で8~9月に外国人投資家売りで日本株が下落したら、買い場と考えて思い切って買って、「Sell in May」（5月に売れ）の前に4月に売るのが良いでしょう。**

もっとも、デフレ脱却の本格化や企業の経営改革の成果で、日本株がずっと右肩上がりを続けるのが望ましいのですが。

② 外国人投資家が提出する「大量保有報告書」を見て買う

同じく第1章で述べたように、海外大手運用会社は5％の大量保有報告書を出した後も、同じ株を買い続けて10％程度まで保有することがあるため、**5％保有が金融庁のEDINETに開示された直後に、コバンザメ的に追随買いを入れれば、海外大手運用会社と同様のパフォーマンスを得ることができるでしょう。**

たとえば、英国エジンバラの大手運用会社でグロース志向のベイリー・ギフォードは2016年2月に育児用品のピジョンに対して6・2％の大量保有報告書を出し、同年8月に12・8％に保有比率を引き上げましたが、その後1年間にピジョンの株価は7割強上昇しました。また、ベイリー・ギフォードは2015年4月にアドバンテストの株式の5・1％の大量保有報告書を出した後、株価は一時4割強下落しましたが、その後株価は2・5倍以上に上昇しました。ベイリー・ギフォードは半導体のスーパー・サイクルは終わっていないと考えているようで、2017年9月にアドバンテストの保有比率を13％へ引き上げました。

ただ、経験豊富なプロの投資家でもいつも成功するとは限りません。ベイリー・ギフォードは2016年1月に製造業人材派遣のアウトソーシングに対して5・8％の大量保有報告書を出した後、2017年6月に保有比率を5％未満に下げました。しかし、アウトソーシング株はその後、急騰したため、早すぎる保有比率の引き下げとなりました。ベイリー・ギフォードは2017年9月にHISに5％の大量保有報告書を出したので、今後の行方が注目されます。

③ 外国人投資家が好きな「オーナー系企業」へ長期投資をする

日本でもコーポレートガバナンス改革が進展していますが、依然としてサラリーマン社長が多いなかで、中長期的観点から株主と利害が一致するオーナー系社長の企業に投資したいという外国人投資家は多くいます。創業社長の持株比率が高いので、外国人持株比率は必ずしも高くありませんが、外国人持株比率はソフトバンクグループで39％、日本電産で35％、スタートトゥデイで42％、ニトリホールディングスで34％などと市場平均の30％よりは高めです。スタートトゥデイに対しては前項のベイリー・ギフォードが早い段階の2014年に大量保有報告書を出しました。ちなみに、スタートトゥデイは英語社名もユニークなので、外国人投資家の関心が高くなっています。日本企業はもっと英語社名に着目してほしいものです。

ロングオンリーの外国人投資家は、自らの利害も考えながら、中長期的に企業価値を高めてくれるオーナー系企業に投資したいと考えています。上場したばかりの新興企業であれば、創業社長は保有株を売却して株式の流動性を高めながら、中長期的に業績を拡大することが求められます。**外国人投資家がオーナー系企業を好むのは明らかなので、IPO段階から将来的に大きくなりそうな、新興オーナー系企業に投資するのが、個人投資家の投資戦略になるでしょう。**

④ 外国人投資家が「日本経済全体を悲観」したときに逆張りで買う

人口が減る日本経済は低成長で、財政赤字も巨額です。異次元の金融緩和にもかかわらず、デフレ脱却もままならず、外国人投資家からの日本のマクロ的な政治・経済への評価は低いといえます。しかし、北朝鮮情勢の緊張や世界の金融システムなどへの懸念が強まると、日本円は安全資産だとして買われて、円高&株安が進展することが多々あります。日本は2016年末の対外純資産が349兆円と26年連続で世界一になっていることが、円ロングの安心感を与えるのでしょう。

外国人投資家は日本の構造改革に対する関心が恒常的に高い一方、政治への見方はうつろいやすいといえます。**海外要因や日本の政治・政策への評価が低下し、外国人による日本売りの様相を示したときこそ、個人投資家が中長期的な観点から日本の優良株に投資する好機といえましょう。**

政府がいくら努力しても、日本経済を再び高成長へ復帰させることは不可能ですので、構造的な低成長下でも儲けの仕組みを確立した企業が評価されるでしょう。日本の政治・経済に対する悲観的な見方が強まったときこそ、優良企業を安く買うチャンスとなりましょう。事後的に考えると、2017年7~8月の業績発表が良かったにもかかわらず、北朝鮮情勢や円高で外国人投資家が日本株を売った局面が絶好の買い場でした。外国人投資家は7~8月に約2兆円売り越した後、9~10月に5兆円以上買い戻すという豹変ぶりでした。

5 外国人投資家が好きな「構造的な投資テーマ」に乗った銘柄を買う

HFTやヘッジファンドなら、日ばかり商いに関心がありますが、多くのロングオンリー外国人投資家は「短期で勝負しても、情報量で優位に立つ日本のデイトレーダーなどにかなわない」と思っているので、中長期的観点から日本株に投資したいと考えています。英国投資家は歴史の本を好み、米国投資家は経営論の本を好みます。長期的な経済や国の歴史的な波動、産業や企業の成長から成熟などの視点に基づいて日本株を含む世界株に投資してきます。

第3章でも述べましたが、**外国人投資家は人口動態、働き方改革、EVなどの構造的なテーマに関連する企業の成長性に注目しています。**

高齢化に伴う医療・介護関連株は政府の政策によって収益が左右されるので、外国人投資家の関心は必ずしも高くありませんが、エムスリーのように医療産業の効率化に寄与する企業に対する評価は高く、同社の外国人持株比率は40%に達しています。エムスリーの時価総額は約9000億円と、売上で10倍以上の三井化学の時価総額を上回っています。

また、人手不足に苛まれる日本のみならず、賃金が急上昇する中国でも生産性向上が求められるため、バリュエーションが高くても生産性向上に資する企業を評価します。キーエンス、ファナック、安川電機、SMC、THKなどが外国人投資家好みの機械・電機株です。

さらに、先進国経済は製造業からサービス業にシフトすると考えているため、サービス分野の企業のバリュエーションはプレミアムがついてもよいと考えています。株式の流動性や株主重視の姿勢を鑑みると、リクルートホールディングスに対する外国人投資家の評価が高まります。

⑥ 外国人投資家より前に「時価総額が大きくなりそうな企業」を買う

将来、外国人投資家の注目を浴びて時価総額が大きくなりそうな企業に、IPO段階から投資できることは、日本の個人投資家の優位性といえます。もっとも、どのような企業が将来大化けするかは誰にとっても予想がむずかしいといえます。

私が個人的に最近、会社を訪問して事業の成長性が大きいと感じた企業には、工場製造ラインへの人材派遣・請負を主力とするアウトソーシング、人事講習派遣のインソース、旅行価格比較サイトのオープンドアなどがあります。アウトソーシングは労働市場のタイト化のみならず、労働者派遣法の規制強化に伴って、中小の派遣業者が淘汰されることによるシェア上昇も期待できます。

アウトソーシングは時価総額が1000億円を超えているので、ベイリー・ギフォードやJPモルガン・アセット・マネジメントが大量保有報告書を出しました。また、時価総額約400億円のオープンドアにもBNYメロン・アセット・マネジメントが大量保有報告書を出しましたが、時価総額が100億円を超えたばかりのインソースには外国運用会社は大量保有報告書を出していません。

個人投資家は時価総額100億円以下の小さな企業にも中長期的観点から投資できますので、外国人投資家が目をつける前に投資するのがいいでしょう。個人投資家が上場企業の社長と個別面談できる機会はないでしょうが、個人投資家向けの説明会に熱心な企業もありますし、Webで機関投資家向けの説明会の資料や音声を公開している企業が増えています。

個人投資家と機関投資家の情報格差が小さくなっているうえ、個人投資家のほうが柔軟な投資期間を設定できるので、経済の構造変化をとらえた株式投資をする余地が大きいといえましょう。

7 外国人投資家がまだ知らない「身近な投資アイデア」で売買する

海外在住の外国人投資家は年に数回しか日本に来られない一方、個人投資家はもっと敏感に日本の変化を察することができます。細かい変化をとらえきれない外国人投資家は、日本の中長期的な変化や海外との比較を重視します。

たとえば、日本人のほうが「最近、銀座のデパートで中国人が高級品を爆買いしていることが減ったのではないか」などと早めに感じ取ることができて、早めに百貨店株を売ることができたかもしれません。

音楽のCDを買う人は減っていますが、コンサートの集客は増えていますので、エイベックス・グループ・ホールディングスなどに注目する投資家がいるかもしれませんが、安室奈美恵の1年後の引退の業績への影響をどのようにとらえるかは日本人のほうが得意でしょう。

ニチレイの株価は2016年以降、4倍以上に上昇しましたが、日本の個人投資家はニチレイの冷凍食品や加工食品の売れ行き好調を肌身で感じることができたかもしれません。私はニチレイのバンコク郊外のチキン工場を訪問したときに、よく管理された工場に好印象を抱きました。

外食産業では人手不足が厳しくなる一方、海外での寿司ブームを見て、回転寿司店で使われているシャリ玉ロボット（寿司・のり巻きロボット）メーカーの鈴茂器工の取材に練馬の本社に行ったことがあります。鈴茂器工は、シャリ弁ロボ（同じ量のごはんを器に盛りつけるロボット）などでシェア7割を持つ最大手メーカーです。行列ができる寿司店の美登利寿司にも、お櫃形でロボットには見えないシャリ握り器が導入されているという話を聞いて、驚きました。

２年前までは取材拒否の会社だったらしいのですが、投資銀行出身者がＩＲ担当者となってから、積極的にＩＲをやるようになり、元々ファンダメンタルズが良いだけに、株価が約３倍に上昇しました。ロンドンやアジアでも日本食のファーストフードが増えているので、外国人投資家からの問い合わせが増えていると聞きました。

私は最近電車に乗っていて、スマホで漫画を読んでいる若者が多いと感じて、インフォコムやメディアドゥなどの電子書籍関連株を取材しましたが、個人投資家でも電子書籍関連株を有望と感じた方がいるかもしれません。欧州投資家を中心に、日本のマンガやアニメ関連株に関心を持つ投資家がいます。東映アニメーションは、海外事業などが好調で、業績も良いことから、株価は２０１７年10月に史上最高値を更新しました。

第6章

FOCUS ON
FOREIGN INVESTORS'
INVESTMENT
STRATEGY

主要な外国人投資家（運用会社）の考え方や投資手法はこうなっている

日本株に直接的に投資する外国運用会社は減少傾向

以下では、主要外国運用会社の特徴と日本株の投資先について地域別に紹介します。地域の分類の重要性が低下したのは第1章で述べたとおりですが、ここでは便宜的に地域別に外国運用会社を分けます。

日本株はアベノミクスが始まって急反発しましたが、それ以前の20年以上にわたって長期下落相場が続いていましたので、日本株運用を止めた投資家もいました。日本株に直接投資する外国運用会社のユニバースが縮小傾向にあるのは残念なことです。

そうしたなかで、１９９０年のバブル崩壊以降の長年の弱気市場を生き抜いた外国人ファンドマネジャーは、私にとっては旧友・戦友でもあります。外国人ファンドマネジャーは日本人とは発想が異なることが多いため、彼らと議論することは発想を転換する観点でためになります。

私はほとんどの運用会社を定期的に訪問しており、もっと深く内情を知っている部分もありますが、守秘義務もあるため、ここでまとめている情報は原則としてＷｅｂ上の公表情報等に基づいたものとなります。

米国の金融都市に本拠を置く大手運用会社

世界最大の運用会社のブラックロック

世界最大の運用会社であるブラックロックの2016年末の運用資産は、前年比11％増の5・1兆ドル（約560兆円）となりました。うち株式は2・6兆ドル、債券が1・6兆ドルでした。株式のうちアクティブ運用は2750億ドル（約30兆円）で、iShares と呼ばれるETFが9512億ドル（約105兆円）、ETF以外のインデックスが1・4兆ドル（約150兆円）でした。ブラックロックは世界のETFで約4割のシェアを持っています（ブラックロックのETFは i-mizuho インデックスシリーズとして、みずほ銀行でも購入できます）。

ブラックロックの運用資産のうち3分の2以上は、年金など退職給付関連の資産です。2016年はアクティブ運用から202億ドル（約2兆円）が流出する一方、iShares に74

9億ドル（約8兆円）が流入しました。世界25カ所に運用拠点があり、世界100カ国以上の顧客に運用サービスを提供しています。

2017年3月30日のウォールストリート・ジャーナルの「ブラックロックが人間からロボットにシフト」との記事によると、**ブラックロックは米国大型株の伝統的運用で、人間が市場に継続的に勝つのはむずかしいと考えるようになったため、アクティブ株式運用部門の組織再編を行ないました。**アクティブ運用部門の雇用削減、コンピューターを使った運用戦略の強化などが打ち出されました。個別銘柄を選択する株式ファンドのラインアップが縮小される一方、カントリーファンド、セクターファンド、ソーシャルインパクト投資などを強化する計画と報じられました。

ブラックロックはニューヨーク証券取引所に上場しており、2017年9月17日時点の時価総額は690億ドル（約7・6兆円）と、三井住友フィナンシャルグループの5・9兆円を上回ります。世界的なパッシブ化の恩恵を受けて、株価は2013～2017年に2倍以上に上昇し、2017年7月に史上最高値を更新しました。

米国では大手金融機関の経営者がホワイトハウスに入ることが珍しくありませんが、ローレンス・フィンク会長兼CEOは財務長官候補に名前が挙げられたことがあるほか、度々日本を訪れ、安倍首相とも面談しています。

ブラックロックの**日本語Ｗｅｂには、「２０１７年後半の投資環境の見通し」という項目があり、ブラックロックの市場見通しを知ることができます。**

日本でもＧＰＩＦなどからパッシブ運用の投資先企業とのエンゲージメント（積極的な関与）が求められていますが、ブラックロックは以前からサステナブル投資やＥＳＧに力を入れています。ブラックロックは持続可能な結果と企業および顧客の長期的価値にコミットするとしています。

ブラックロックの有名なファンドは、世界の各資産に投資する「グローバル・アロケーション・ファンド」で、２０１７年６月末の運用資産は３９４億ドル（約４・３兆円）でした。日本株の比重は９・４％とベンチマークの４・７％の２倍のオーバーウエイトにしていた一方、日本の債券比重は１・２％と、ベンチマークの５％より大幅アンダーウエイトでした。

２０１７年９月のみずほ証券の投資コンファレンスで講演したブラックロックのローレンス・フィンク会長兼ＣＥＯは、「主要企業のＣＥＯに長期主義に関するレターを送った。退職マネーは30～40年単位で投資する必要があるので、市場を日々や週次単位で考えるべきでない。高賃金の高齢者の退職やＡＩ化などによって、世界的に賃金上昇率は弱く、長期的に低インフレが続く可能性がある。30代の若者であれば、長期的観点から１００％株式に投資すべきだ。人口が減る日本経済はロボットやＡＩ等の活用で１人当たりＧＤＰを増やすことが可能だ」などと述べました。

ＥＴＦが急成長したバンガード

バンガードはブラックロックに次ぐ世界2位の運用資産を持ちますが、ほとんどがパッシブファンドなので、私はペンシルベニア州の同社の本社に行ったことがありません。また、上場していないので、公開情報もブラックロックより少なくなっています。

バンガードは、２０１７年に88歳になったジョン・ボーグル氏によって１９７５年に創業されました。パッシブ化の流れから恩恵を受けて、バンガードの運用資産は２０１７年9月に約4・5兆ドル（約５００兆円）に増えました。従業員数は約１・５万人で、約１８０の米国ファンド、約１９０の海外ファンドを運用し、約１７０カ国の２０００万人以上の顧客にファンドを提供しています。

２０１７年5月のＣＦＡ年次総会で講演したジョン・ボーグル氏は、「２００８年4月〜２０１７年にアクティブファンドから１・１兆ドル（約１２０兆円）流出した一方、インデックスファンドへは１・３兆ドル（約１４０兆円）流入し、『インデックス革命』が起きている。10年前にあったアクティブファンドのうち、現在53%しか存在していない。**アクティブファンドを長期保有していると、ファンドマネジャーの交代やファンド閉鎖等が起こり得る。アクティブファンドの意義が問われている**」などと述べました。

日本でも買えるバンガードの「グローバル・バランスファンド」は2017年8月末で運用資産が1437億円で、うち27%が米国株インデックスファンド、米国債インデックスファンドが24%で、日本国債インデックスファンドが6%、日本株インデックスファンドは4%に過ぎませんでした。

国際長期投資を追求するキャピタル・グループ

キャピタル・グループは1931年にロサンゼルスで創業された、世界最大手の投信運用会社の一社です。徹底したグローバルファンダメンタルズ調査に基づく長期集中投資と、ユニークな「キャピタル・システム」（複数ファンドマネジャーによる運用システム）による運用を行なっています。

キャピタルでは顧客と運用担当者の利害を一致させるため、**ポートフォリオマネジャーの報酬の大半が、金融業界では異例といえる5年と8年という長期の運用成績によって決**

まります。ポートフォリオマネジャーの入れ替わりは少なく、在籍期間の長い運用担当者が多い印象で、ポートフォリオマネジャーの平均投資経験年数は27年、そのうち21年がキャピタルでの経験である、と同社のウェブサイトにも掲載されています。

私もキャピタルのロサンゼルス本社を訪れた際、ベテランの運用担当者やアナリストが多いことに驚きました。

キャピタルは、日本株式にも数兆円におよぶ投資をしています。また日本では、同社の複数の旗艦グローバルファンドの提供に加えて、公募投信の「キャピタル日本株式ファンド」も運用しています。同投信の2017年6月末時点の運用資産は143億円で、2009年2月の設定以来のパフォーマンスは187%と、ベンチマークのTOPIXの158%を30パーセントポイント近く上回っています。トップ3組入銘柄は、SMC、村田製作所、旭化成でした。旭化成については、キャピタルは2016年4月22日に大量保有報告書を提出し、2017年8月8日にグループ全体の保有比率を12・2%まで引き上げた模様です。

フィデリティは外国運用会社のなかで日本での公募投信残高が最も多い

1946年にボストンで創業されたフィデリティの株式運用は、創業以来一貫して受け継がれているボトムアップ・アプローチの運用手法に基礎を置いています。綿密な個別企業調査活動を行なうことにより、企業の将来の成長性（グロース志向）や財務内容などファンダメンタルズを調査・分析し、その結果を基に運用します。

日本株運用においては、1969年に外国運用会社として初めて日本に拠点を設けて日本企業の調査を開始して以来、日本に根ざした徹底的な企業調査を積み重ねています。2017年6月末時点で、日本での公募投信残高は3・5兆円と、2位のゴールドマン・サックス・アセット・マネジメントの1・3兆円を2倍以上引き離し、断トツの1位になっています（188ジペー**図表6―1**）。

フィデリティが日本で売っている公募投信で純資産が最も大きいのは、「フィデリティ・USリート・ファンドB（為替ヘッジなし）」の1・3兆円ですが、「フィデリティ・日本成長株・ファンド」も純資産3525億円と、日本株の公募投信で最も大きくなっています。後者の1998年4月の設定以来のパフォーマンスは115%と、ベンチマークのTOPIXの72%を43パーセントポイント上回っています。年金運用などではTOPIXと上位組入があまり変わらない運用をするファンドも少なくないなかで、「フィデリティ・日本成長株・ファンド」の上位3組入銘柄は、ミスミグループ本社、ソフトバンクグループ、マキタとアクティブ・リスクを取った運用をしています。

世界的に株式運用のパッシブ比率が上昇するなかで、フィデリティはアクティブ運用の重要性を強調しています。フィデリティ投信のチャック・マッケンジー社長は、「先進国は長寿化が一段と進み、日本でも退職後の資産運用が重要になっている。中長期で日本株全体に大きな上昇は見込みにくい。そうした局面では、自らの調査で有望な銘柄を発掘するアクティブ運用がより重要になってくるはずだ。低コストが重要なのは否定しないが、銘柄の選別が運用成績を左右するアクティブ運用の復権があると見ている」と述べました（日本経済新聞2017年9月20日）。

図表6-1 ◉ 外国運用会社の日本での公募投信残高

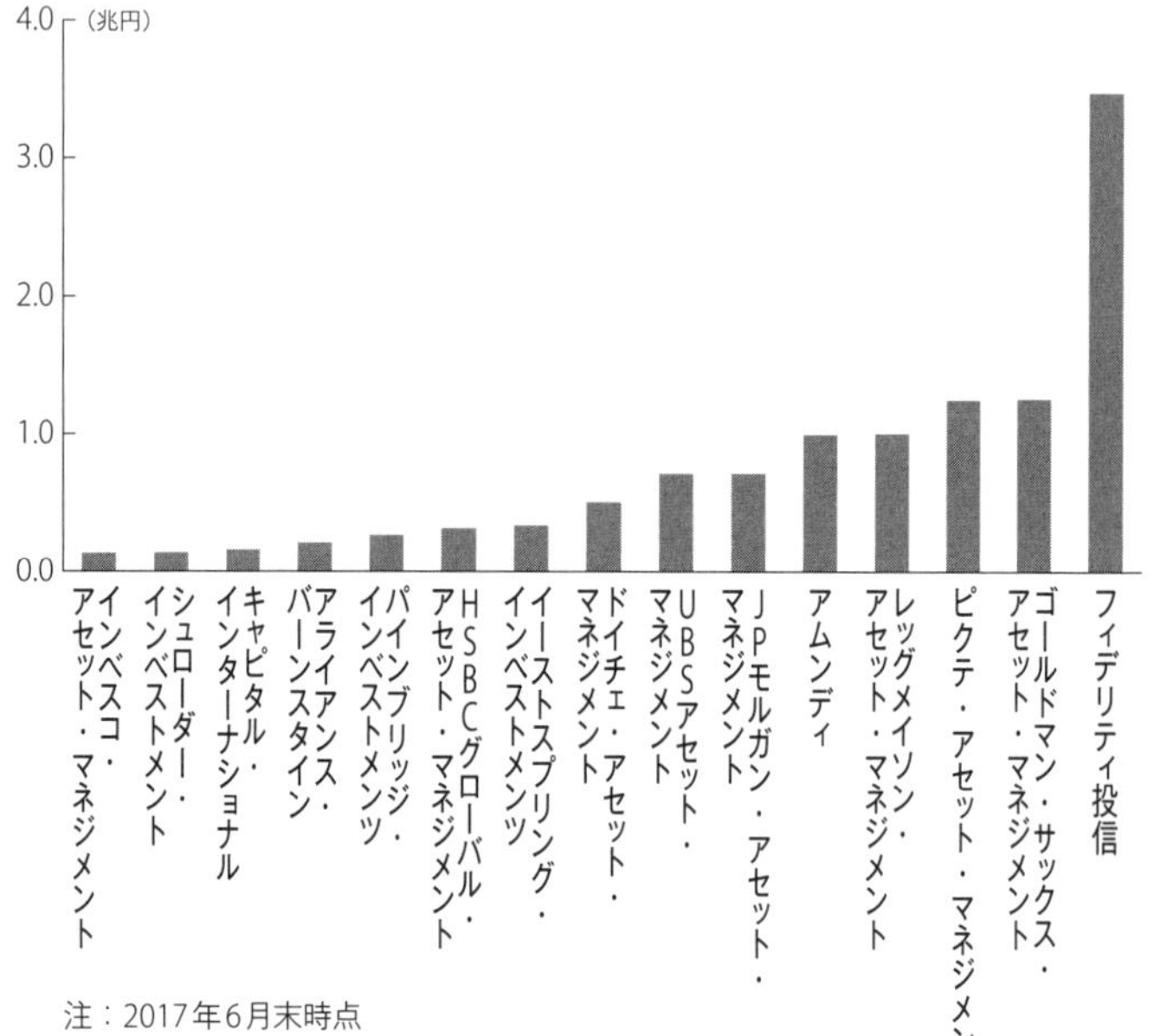

注：2017年6月末時点
出所：投資信託協会よりみずほ証券エクイティ調査部作成

産業分析に強みを持つウエリントン・マネージメント

フィデリティと同じボストンにあるウエリントンはバリュー投資に強みを持ちます。フィデリティよりも早く、株価暴落直前の1928年に創業されました。世界13拠点を持ち、運用資産は約1兆ドル（110兆円）で、65カ国以上に2150人の顧客がいます。

ローカル・ナレッジとグローバル・リーチ、多様な考え方、プロフェッショナル間の協力などを特徴としています。深いグローバル産業調査に強みがあり、50人を超えるアナリストは平均20年の経験があり、博士号を持ったアナリストも多くいるそうです。

三菱UFJ国際投信の純資産2454億円の「グローバル・ヘルスケア&バイオ・ファンド」に運用指図していますが、この投信は2017年7月末時点で米国株を76%組み入れており、2位の日本株の組入比率は6%に過ぎません。

ウエリントン・マネージメントは日本株では中小型株運用に強みを持っており、地方公務員共済組合連合会では、S&P日本小型株をベンチマークにした運用会社として採用されています。2017年に大量保有報告書を提出した銘柄には、アルパイン、センサーのオプティクスグループ、電気自動車部材のダブルスコープなどがありました。

世界最大の銀行の運用部門であるＪＰモルガン・アセット・マネジメント

ＪＰモルガン・アセット・マネジメントはニューヨーク証券取引所に上場しているＪＰモルガン・チェースの運用部門です。ＪＰモルガン・チェースの時価総額は３２１７億ドル（約35兆円、２０１７年8月11日時点）と、日本最大の三菱ＵＦＪフィナンシャル・グループの約３・５倍で世界最大の銀行です。

ＪＰモルガン・アセット・マネジメントの２０１７年3月末の運用資産は１・５兆ドル（約１６７兆円）で、うち株式が４５３０億ドル、債券が４４２０億ドル、オルタナティブ（代替投資）が１２１０億ドルでした。約５００におよぶ運用戦略、50超の運用チームがあります。

ＧＰＩＦのアクティブ日本株投資では２０１７年3月末時点で、外国運用会社のなかでは最大となる４７３６億円を運用していました（**図表６－２**）。長期バリュー投資に強みを持ち、このＧＰＩＦ資金の運用は Russell/Nomura 大型バリューインデックスをベンチマークにしています。公募株式投信では「ＪＰＭザ・ジャパン」が長期的ビジョンに基づく特徴ある運用をすることで知られており、１９９９年12月からの設定来のパフォーマン

図表6-2 ◉ 外国運用会社の公的年金の受託状況

公的年金名	運用会社	ベンチマーク	運用金額（10億円）	収益率（%）
GPIF	**アクティブ運用**			
	JPモルガン・アセット・マネジメント	RUSSELL/NOMURA大型バリュー株	437.6	18.9
	キャピタル・インターナショナル	TOPIX	418.3	16.2
	フィデリティ投信	TOPIX	303.7	15.9
	イーストスプリング・インベストメンツ	TOPIX	244.2	22.8
	シュローダー・インベストメント	TOPIX	238.3	15.2
	インベスコ・アセット・マネジメント	TOPIX	184.0	17.9
	ラッセル・インベストメント	TOPIX	84.6	13.8
	タイヨウ・パシフィック・パートナーズ	RUSSELL/NOMURA小型株	8.9	28.6
	パッシブ運用			
	ブラックロック	TOPIX	6,014.9	14.7
	ゴールドマン・サックス・アセット・マネジメント	S&P Global Intrinsic Value Japan	1,778.3	12.9
	ブラックロック	MSCI Japan	1,311.7	13.9
地方公務員共済組合連合会	ステート・ストリート・グローバル・アドバイザーズ	ステート・ストリート日本株最小分散指数	55.0	7.6
	ブラックロック	なし	47.6	6.5
	ゴールドマン・サックス・アセット・マネジメント	TOPIX	39.6	14.9
	ブラックロック	TOPIX	38.8	14.2
	BNYメロン・アセットマネジメント	RUSSELL/NOMURA小型株	26.6	11.5
	フィデリティ投信	TOPIX	24.2	9.7
	アリアンツ・グローバル・インベスターズ	TOPIX	24.0	17.8
	ウエリントン・マネジメント	S&P日本小型株	23.6	13.1
	キャピタル・インターナショナル	TOPIX	22.6	16.1
国家公務員共済組合連合会	キャピタル・インターナショナル	TOPIX	18.6	16.1
	ブラックロック	TOPIX	14.6	10.7
	アムンディ	TOPIX	14.3	20.1
	フィデリティ投信	TOPIX	13.9	9.5
	シュローダー・インベストメント	TOPIX	13.2	18.1
	ゴールドマン・サックス・アセット・マネジメント	TOPIX	13.0	13.1
全国市町村職員共済組合連合会	キャピタル・インターナショナル	TOPIX	59.8	14.0
	シュローダー・インベストメント	TOPIX	46.6	17.1
	インベスコ・アセット・マネジメント	TOPIX	38.7	17.1

注：運用資産は2017年3月末時点、収益率は2016年度の時間加重収益率
出所：各公的年金資料よりみずほ証券エクイティ調査部作成

スは442%と、ベンチマークのTOPIXの33%の10倍以上の好パフォーマンスになっています。2017年7月末時点の上位3組入銘柄は、ペプチドリーム、任天堂、ロームでした。同社の日本語Webには、「日本株運用チームからのメッセージ」とのページがあり、日本株運用チームがどのようなことに注目しているかがわかります。

クオンツ運用に強みを持つゴールドマン・サックス・アセット・マネジメント

ニューヨーク・ダウ指数は史上最高値を更新中ですが、同指数には30銘柄しか含まれておらず、定期的に良い企業に入れ替えたためだともいえます。そして現在、ニューヨーク・ダウ指数に含まれる銀行株は、前項で触れたJPモルガン・チェースとゴールドマン・サックス（GS）だけです。また、トランプ政権で国家経済会議委員長を務めるゲイリー・コーン氏はゴールドマン・サックスのCOOでしたし、クリントン政権で財務長官を務めたロバート・ルービン氏はゴールドマン・サックスの会長だったなど、米国歴代政権に要人を送り込んできました。

GSは投資銀行業務やトレーディング業務などに強みを持ちますが、資産運用部門は略称GSAM（ジー・サム）と呼ばれます。GSAMの日本語Webによると、2016年末時点の運用資産額は138兆円で、うち債券が62兆円、株式が26兆円、マネーマーケット・キャッシュが36兆円、代替投資が14兆円でした。世界30カ国以上に拠点を持ち、2000名超のプロフェッショナルを擁しています。

GSAMの強みはクオンツ運用にあり、GPIFからS&P GIVI（Global Intrinsic Value Index）Japanをベンチマークにしたクオンツ運用を2017年3月末時点で1・8兆円受託しています。同指数はGPIFの分類で、2016年3月末にはアクティブ運用に分類されていましたが、2017年3月末にパッシブ運用に移されました。GIVI指数は従来の株式時価総額に代えて、企業の本源的株式価値に基づいて指数の構成比率を決定する手法です。

GSAMは2017年7月5日に、ビッグデータやAIを活用した計量モデルを用いて分散投資する公募投信「GSビッグデータ・ストラテジー（日本株）」を設定しました。ニューヨーク本社で同投信の運用責任者を務める諏訪部貴嗣氏は2017年4月6日の日本経済新聞で、「**AIの一種である機械学習を通じた文章解析を、投資戦略に活用している。たとえば、決算説明会の議事録から経営者が将来に強気なのか弱気なのか読み取る。アナリストリポートからも考え方の微妙な変化をとらえ、銘柄の株価予想に役立てる**」と述べました。

GSのクオンツファンドはリーマンショック直前の2007年8月に巨額の損失を出し、「クオンツの地震」と呼ばれましたが、ビッグデータ・AI時代を迎えて、リスク管理を強化したクオンツファンドへの需要が再び増えています。ベンチマークをアウトパフォームするのに苦労しているアクティブファンドが多いなか、2016年にクオンツファンドの約3分の2は、ベンチマークをアウトパフォームしました。

世界最大級の金融グループの運用部門であるBNYメロン・アセット・マネジメント

BNYはBank of New Yorkの頭文字で、世界最大級の金融グループであるBNYメロンは、世界の100を超える市場で機関投資家、企業、個人投資家に主に資産の運用と管理に関するサービスを提供しています。2017年6月末時点の運用資産残高は1・8兆ドル（約200兆円）、保護預かり・管理資産残高は31・1兆ドル（約3400兆円）で、世界中の従業員は約5・3万人です。

BNYメロンは、1784年に米国初代財務長官のアレクサンダー・ハミルトンによって設立された米国初の民間銀行であるバンク・オブ・ニューヨークと、1869年に設立されたメロン銀行が2007年に合併してできました。メロン財閥は、ロックフェラー、モルガンと並ぶ米国三大財閥として知られていました。BNYメロン傘下の資産運用部門は、米国にはボストン・カンパニーやメロン・キャピタル、英国にはニュートン・インベストメンツなどがあります。

投資を通じて人々の生活を向上させることをビジョンにしており、顧客フォーカス、誠実、チームワーク、エクセレンスを4つのバリューにしています。日本の公募株式投信では、安倍政権が掲げる女性の活躍に注目した「**女性活力日本株ファンド**」など、**特徴ある運用**をしています。

日本株のバリュー運用を得意とするアライアンス・バーンスタイン

アライアンス・バーンスタインはニューヨーク証券取引所上場の運用会社で、株式の65%はフランスの大手保険会社のAXAによって保有されており、12%は役員や従業員によって保有されているため、浮動株比率は23%です。21カ国に47拠点があり、従業員数は約3450人です。

2017年6月末の運用資産は5170億ドル（約57兆円）で、資産別内訳は債券アクティブが53%、株式アクティブが24%、株式パッシブが10%でした。地域別の顧客は64%が米国で、36%が米国以外でした。投資家分類別では、49%が機関投資家、34%がリテール、17%が富裕層向けでした。

日本の運用拠点の開設は1986年と、いち早く日本に進出した外資系運用会社の1社です。セクター、地域、資産クラスの壁を越えたリサーチによる投資機会の発掘を行なっています。主に年金基金などの機関投資家に採用されている日本株の主力商品**「日本ストラテジック・バリュー株式運用」は、2002年3月の設定以来の配当込みパフォーマンスが198%**と、TOPIXの98%を大幅に上回っています（2017年8月末時点）。上位3保有銘柄はNTT、三菱UFJフィナンシャル・グループ、ホンダでした。

グローバル・ロボティクス株式ファンドを運用するラザード

日興アセットマネジメントのロボティクス株式ファンドが個人投資家に人気で、グローバル・ロボティクス株式ファンドは1年決済型と年2回決済型をあわせて、2017年10月時点で純資産は7000億円を超えました。同ファンドの上位組入銘柄はアルファベット（グーグル）やスイスのABBなどの欧米主要株に加えて、キーエンスや安川電機など日本のロボット関連株も含まれています。

このグローバル・ロボティクス株式ファンドの銘柄選定は、株式のアクティブ運用に注力する米国のラザード・アセットマネジメントが徹底した調査に基づいて行なっています。

ラザードは１８４８年に、ラザード兄弟によって米国のニューオリンズに設立され、１９５３年にロンドンで資産運用業を開始し、１９７０年にニューヨークにラザード・アセットマネジメントが設立されました。本社はニューヨークのロックフェラーセンタービルに入っています。１９９４年に日本株運用戦略を始めており、赤坂に日本の拠点があります。

２８０名以上の運用プロフェッショナルがグローバル市場をカバーし、インハウス調査に基づくボトムアップの株式運用を行なっています。２０１７年６月末の運用資産は２０１４億ドル（約22兆円）でした。資産別では、外国株が25％、新興国株が23％、米国株が11％、米国株を含む世界株が10％であるのに対して、債券は13％、不動産が６％と、株式運用に強みを持ちます。

日本の大企業のコーポレートガバナンスに影響を与えたサード・ポイント

１９９５年にダニエル・ローブ氏によってニューヨークで創業されたアクティビスト・ヘッジファンドのサード・ポイントは、日本の大企業のコーポレートガバナンスにも影響を与えてきました。少数の投資家から資金を集めるヘッジファンドなので、公表データは少ないのですが、Wikipediaによると、2016年末時点で運用資産は170億ドル（約1・9兆円）、設立以来のパフォーマンスは年平均15・7％でした。

サード・ポイントが日本での投資を活発化させたのは、2012年12月に安倍政権が誕生して、コーポレートガバナンス改革期待が高まった後でした。2013年5月に、ソニー株を6％保有して、「エンタテインメント部門の株式の15〜20％を公開し、得られた資金をエレクトロニクス部門の立て直しに使うこと」を提案しましたが、ソニーはエンタテインメント部門と他部門はシナジーがあるとして、サード・ポイントの分離提案を拒否しました。当時は、日本ではスピンオフ税制がなく、米国のようなスピンオフができなかったことも、分離しなかった理由の一つでした。しかし、日本でも2017年4月にスピンオフ税制が導入されましたから、サード・ポイントなどのアクティビストファンドは、シナジーがない事業部門を抱えている日本の大企業にスピンオフ提案をすると期待されましたが、現時点でそうした提案は出ていません。

2015年にはキャッシュリッチ企業として有名なファナック株を取得して、株主還元を増やすように働きかけました。ファナックは他の機関投資家からもIRや財務体質を批判されていたこともあり、2016年4月から5年間の平均総還元性向を最大80％に拡大すると応じて、ＩＲも改善しました。日系大手証券の機械株アナリストがサード・ポイントの投資担当者と議論した際に、ファナックの事業内容について深い知識を持っていると感じたそうです。

サード・ポイントの会社に対する提案内容は、同社のＷｅｂで見ることが可能です。日本のアクティビストファンドは運用資産が小さいので、中小型株をターゲットにすることが多い一方、米国の大手アクティビストファンドは運用資産が大きいので、大企業をターゲットにする傾向があります。

米国の地方都市に本拠を置く運用会社

コーポレートガバナンス改革に注目するインベスコ

米国は広く、日本のように東京一極集中でないので、金融都市であるニューヨーク、ボストン、サンフランシスコなど以外でも、あらゆる場所に大手運用会社があります。インベスコは1935年創業で、アトランタに本社がある上場運用会社で、会社のロゴマークは、ヒマラヤ連峰のなかで最も優美な山といわれるアマダブラムです。S&P500指数に採用されており、時価総額は1兆円を超えています。

2017年8月25日の「日経IR・投資フェア」における小澤大二インベスコ・アセット・マネジメントCIOのプレゼン資料によると、インベスコは世界中に約7000人の従業員を抱えて、運用資産は8583億ドル（約96兆円）、世界20カ国に拠点があり、12

0カ国以上の顧客に運用サービスを提供しています。

アニュアルレポートによると、2016年までの3年、5年でアクティブ運用のそれぞれ72％、75％が同様の運用スタイルの上位過半数のパフォーマンスを達成しました。運用スタイルでは82％がアクティブで、パッシブは18％に過ぎず、世界的にパッシブ運用が興隆するなかで、インベスコはアクティブ運用に強みを持ちます。

日本には1983年に進出し、2017年6月末時点の運用資産は約4・2兆円です。運用資産の内訳は、REITが30％、外国債券が29％、国内株式が19％、バンクローンが17％でした。**日本株運用では集中投資や中小型株投資などに強みを持ちます。** 2017年7月末時点で運用資産102億円だった「インベスコ店頭・成長株オープン」の上位3組入銘柄はバイオのペプチドリーム、半導体のジャパンマテリアル、人材サービスのフルキャストホールディングスの順でした。

カンザス州のワデル＆リード

カンザスシティにあるワデル＆リードは1937年に創業された上場運用会社です。2017年6月末の運用資産は804億ドル（約9兆円）と、前年同期比7％減となりました。

資金流出を反映し、ワデル＆リードの株価は２０１４年のピークから２０１７年に3分の1以下に下落しました。

協調的な文化、リスク管理への集中、バランスの取れた販売モデルに強みがあるとしています。ワデル＆リードの「ＩＶＹ　インターナショナル・コア株式ファンド」はＭＳＣＩ ＥＡＦＥをベンチマークにし、トップダウンとボトムアップ・アプローチ、国や産業分析を組み合わせて使います。２０１７年6月末の運用資産は62億ドル（約６８００億円）で**投資先企業の時価総額の中央値は３４４億ドル（約３・８兆円）と、大型株中心の運用です。**国別配分では日本株が18％と1位でした。上位組入銘柄では5位にいすゞ、8位にＮＴＴ、9位にソフトバンクグループが入っていました。このファンドは過去10年間で同分類のファンド65本のうち2位の成績をあげました。

アイオワ州のプリンシパル・インベスターズ

プリンシパル・グローバル・インベスターズは、アイオワ州のデモインに本社があるグローバルな運用会社です。日本にも運用拠点があり、**日本語のマーケットレポートをＷｅｂに毎月掲載しています。**多角的かつグローバルな運用組織、顧客の運用目的に対応できる幅広い運用能力、明確な目標とグローバルな運用を特色にしており、銘柄選択ではファンダメンタルズの変化、株価水準、投資家の期待が重要だと考えています。

２０１７年６月末の運用資産は４３１９億ドル（約48兆円）と、２０１４年末比で約３割増えました。資産別では44％が債券、36％が株式、18％が不動産、２％がオルタナティブでした。MSCI Japanをベンチマークにした日本株専用ファンドがあります。運用会社は報酬が他産業より高い一方で、地方都市は生活水準が低めなので、ファンドマネジャーは良い暮らしができると思いますが、パフォーマンスが悪いとクビになるので、うかうかしていられません。同社には、米国訪問時にアナリストがわざわざ訪問するときもありますが、最近はニューヨークからのビデオ会議で済ますことも多くなっています。

ＧＰＩＦで最高の運用パフォーマンスをあげたタイヨウ・パシフィック・パートナーズ

ＧＰＩＦは２０１３年度に米国フレンドリー・アクティビストファンドのタイヨウ・パシフィック・パートナーズとハリス・アソシエイツを採用しました。その後、２０１６年度にタイヨウが28・６％と、ＧＰＩＦの日本株をアクティブ運用する運用会社のなかで最高のパフォーマンスをあげた一方、シカゴに本社があるハリス・アソシエイツは２０１６

年度中に解約されました。

タイヨウはブライアン・ヘイウッド、ジョン・ハモンド、マイケル・キング氏らによって２００１年に設立され、日本を含むアジアの中小型株に投資し、経営のアドバイスを行ないます。運用資産は約20億ドル（約２２００億円）です。設立当初、タイヨウのオフィスはカリフォルニア州のモントレーにありましたが、現在はシアトル近郊です。オフィスはガラス張りで、透明性が高い運用会社との印象を受けました。ブライアン・ヘイウッド氏がみずほ証券のセミナーで講演した際には、本業は投資先企業の経営者に任せて、自分たちは財務戦略やＩＲなどのアドバイスを主に行なうと述べていました。

同社のＷｅｂによると投資先企業からは「Tough Friend（厳しい友人）」と呼ばれているそうです。経営者は孤独であることが多いので、タイヨウは経営者の相談に乗ると同時に、投資先企業の経営者との横のつながりを強めるサポートもしています。

伊藤寛 Relationship Based Investment チームリーダーは２０１７年１月23日に証券アナリスト協会で講演を行ない、そのなかで、「約１６００社の流動性がある中小型株が投資ユニバースで、過去14年間に約90銘柄に集中投資し、現在約30銘柄を保有している。約１３００社を訪問し、合計面談回数は約８６００回に上る。**強固な事業基盤を持ち、オープンかつ優れた経営陣を擁し、変わる意思がある企業に、入念にリサーチして投資する。**投資期間は平均5年以上である」と述べました。2017年中のタイヨウが提出した大量保有報告書提出銘柄には眼鏡販売のジンズ、日本写真印刷、アルバックなどがありました。

サンフランシスコで長期バリュー投資を行なうドッジ＆コックス

サンフランシスコのバリュー投資家であるドッジ＆コックスは、大恐慌の最中の1930年に創業されました。北米でのアナリストや企業のIRミーティングは、月曜日にニューヨークなど東海岸から始めて、金曜日にサンフランシスコなど西海岸で終えることが多いのですが、ドッジ＆コックスは長期バリュー優良投資家であるとして、サンフランシスコのオフィスを訪れる企業が多いようです。海外拠点の多さを誇る大手運用会社が多いなかで、ドッジ＆コックスのオフィスはサンフランシスコだけです。

投資委員会のメンバーの平均在籍期間15年以上で、顔を突き合わせて、投資アイデアを徹底的に議論できるメリットがあると考えています。独立した調査をベースに、他の投資家が悲観的な分野で、短期的なセンチメントがネガティブでも、自ら自信がある企業に長期投資します。自らの見方がコンセンサスと異なるところに、投資価値を見出します。

株価の短期的な動きについて一貫性を持って予想できるとは考えておらず、長期的な投資価値を決めるファンダメンタルズ・ファクターに注目します。**投資先は少なくとも3〜5年間は投資できる企業を選び、株価に関する厳しいディシプリンを持ち、プレミアムがついた株を買わない、低バリュエーションは株価下落リスクのバッファーになる、といった考え方を持っています。**

2001年に設定されたドッジ&コックスの「インターナショナル株式ファンド」の運用資産は615億ドル（約6・8兆円）で、その人気ゆえ、新規投資家には現在売られていませんが、設定以来のパフォーマンスは年平均7・8%と、ベンチマークのMSCI EAFEの年平均4・7%を上回っています。2017年6月末時点で日本株の比重は11・2%と、ベンチマーク比で約半分と大きくアンダーウエイトしており、開示されている上位10銘柄には、日本企業は1社も入っていませんでした。日本の優良企業のバリュエーションはすでに高くなり過ぎた一方、バリュエーションが安い企業には経営変化の兆しが見られないというのが、日本株アンダーウエイトの理由のようです。

アジア株に特化したマシューズ・アジア

1991年にサンフランシスコでポール・マシューズ氏によって創業されたマシューズ・アジアは、アジアに特化した運用会社です。アジア経済の中長期的な成長を信じており、2017年7月末時点の運用資産は311億ドル（約3・4兆円）と、アジア特化型ファンドとしては米国最大級です。

市場の非効率性が残るアジア株においてはボトムアップに基づくアクティブ運用が有効だと考えており、年間2500社以上の企業にミーティングして調査します。運用チームは、米国人、日本人、中国人、韓国人などで構成されて多様です。

運用資産35億ドル（約3850億円）の「マシューズ日本ファンド」は1998年末の設定以来の年平均リターンが6・25%と、MSCI日本株指数の3・4%を上回りました。2017年6月末の上位3組入銘柄は三菱UFJフィナンシャル・グループ、スズキ、村田製作所でした。また、ESGファクターが新興国株投資で有効との信念の下、ESGの観点からアジア株を選択する「マシューズ・アジアESGファンド」も運用しています。ちなみに、みずほフィナンシャルグループは2015年9月にマシューズ・アジアの株式の16%を保有し、取締役1名を指名・派遣する資本・業務提携を結びました。

米国の公的年金のカルパースとＴＩＡＡ

私はほとんどの主だった外国人投資家を訪問したことがありますが、日本語でカルパースという名称で知られるカルフォルニア州職員退職年金基金（California Public Employee's Retirement System ＝ Calpers）には行ったことがありません。コーポレートガバナンスに関する発言が有名であるものの、**カルパースは日本株をアクティブに運用しておらず、ほとんどがパッシブ運用**であるためです。

カルパースの２０１７年６月末の運用資産は３２３０億ドル（約36兆円）なので、日本のＧＰＩＦの約４分の１です。２０１７年６月末まで１年間のリターンは１１・２％でした。Calpers の資産配分は先進的であることが知られており、株式が52％、債券が20％、不動産が11％、プライベート・エクイティが９％、インフレ資産が６％でした。

カルパースは自らの投資の長期的なサステナビリティを保護するために、企業とのエンゲージメントに力を入れており、世界の１万１５００社の議決権行使を行ないました。

一方、ＴＩＡＡは Teachers Insurance and Annuity Association of America の略で、日本語で米国大学教職員退職年金・保険基金と呼び、ニューヨークやサンフランシスコから日本株のアクティブ運用を行なっています。日本人や日本語を話す米国人が運用に携わっています。ＴＩＡＡが運用する「インターナショナル株式ファンド」は２０１７年７月末の運用資産が49億ドル（約５４００億円）で、欧州株の64％に次いで、日本株を14％組み入れていました。**このファンドは全保有銘柄を開示していますが**、ソニーが８位で３・３％の組入比率、コマツが19位で組入比率１・７％、ＩＨＩが21位で１・６％の組入比率でした。

ＥＴＦに特化したウィズダムツリー

ウィズダムツリーはＥＴＦに特化した運用会社としては、唯一の上場企業です。２００６年６月に初のＥＴＦを設定しました。２０１７年８月の運用資産は４４９億ドル（約５兆円）と、米国第６位です。

ウィズダムツリーは、世界各国の多様な資産クラスを投資対象とする99本のＥＴＦを提供しています。投資対象は米国株式、米国以外の国際市場の株式、通貨、債券、オルタナティブ商品などが含まれます。

ウィズダムツリーは、配当、収益、パフォーマンス、分散投資の効果等を考慮した、独自のスマートベータ指数を多数開発し、この指数に連動するＥＴＦ（上場投資信託）を設定し展開しています。市場価格ではなく、ファンダメンタルズに基づき配分を決定するファンダメンタルETFおよびアクティブETFの考え方を初めて採用し、業界のリーダーとなりました。2015〜2016年に日本の株式市場でもスマートベータという言葉が注目されたことがありますが、高ROE（高クォリティーと呼ばれます）や配当などに注目したETFに資金が流入し、食品や医薬品株などの安定成長株が買われました。運用業界のAI化が進むなかで、ウィズダムツリーはIBMのAIであるワトソンを使って、データ分析や販売ツールの開発を行なっています。

ウィズダムツリーは上場会社であるため、ディスクロージャーに積極的であり、**Webで日本株関連のETFへの資金の出入りを、日次ベースでエクセルにダウンロードできます。**ウィズダムツリーのうち約2割が日本株ETFでした。日本株ETF合計13本の運用資産合計は、2015年6月の187億ドル（約2兆円）から、2017年8月に86億ドル（約1兆円）と、約100億ドルも減りましたが、これは2015年半ばは外国人投資家の日本株買いのピーク時と一致しており、**同社の資金フローは外国人投資家の日本株への姿勢を考えるうえで、役立つでしょう。**

日本株の運用資産のほとんどは、Japan Hedged Equity Fundです。Hedgedとは為替変動をヘッジしているという意味です。このファンド以外に、日本の金融、不動産、ヘルスケア株、中小型株に特化したETFも出されています。

日本法人の社長は、メリルリンチなどでチーフエコノミストを務めたイェスパー・コール氏です。私はメリルリンチ時代にコール氏とは部屋が隣でした。ウィズダムツリーに限らず、外国運用会社の日本法人社長は、日本を海外の投資家や自社の経営陣にアピールする必要があります。日本語が流暢なコール氏は、2000年に『日本経済これから黄金期へ』（ダイヤモンド社）、2017年に『本当は世界がうらやむ最強の日本経済』（プレジデント社）という本を出しています。後者の本では、超リッチな知財で日本がリードする、造船業はすでに復活し、今後は農業も有望、家計が赤字になるほど未来は明るくなる、少子化で正社員化が進み、少子化が緩和する、日本はAIよりEI（Emotional Intelligence）で世界にアピールすべきなどとエールを送っています。

日本株を買わなかったバークシャー・ハサウェイ

世界一有名な個人投資家といえるウォーレン・バフェット氏が経営するバークシャー・ハサウェイ社の本社はネブラスカ州のオマハにあります。同社のアニュアルレポートには、6つの買収先の条件が書いてあります。

①税前利益は最低7500万ドル（約82億円）

バークシャー・ハサウェイは資産1296億ドル（約14兆円）という大きな会社なので、小さい会社は相手にしないということです。

②過去に一貫した収益力を示していること

実績が重要であって、将来の利益に興味はないとしており、ターンアラウンド（リストラからの回復）の企業もだめだと明言しています。

③高ROEで負債が少ないこと

④良い経営者がいること

プライベート・エクイティと異なり、バークシャー・ハサウェイ社は経営者を供給できないとしています。

⑤事業がわかりやすいこと

多くのテクノロジーがあったら、わからないとしています。

⑥明確なオファー価格の提示

買収の価格交渉で時間を浪費したくないと述べています。

われわれは、**こうした条件を満たす企業を何度かスクリーニングしたことがあるものの、バフェット氏が日本企業を買収または日本株に大規模な投資をしたことはほとんどありません。**バフェット氏のような有名投資家に日本の大型株に投資してもらえれば、他の外国人投資家の呼び水になると期待していましたが、実現しませんでした。

東芝からＭＢＯで独立したタンガロイが、２００８年にバフェット氏の投資会社傘下のオランダの工具大手ＩＭＣに買収されたのが唯一の例外でした。日本の外需企業には高収益企業があるものの、為替の影響を受けるため、業績の変動性が高い一方、内需業種には高ＲＯＥ企業が少ないことなどが障害になったと思われます。

バークシャー・ハサウェイ社の上位保有銘柄はコカ・コーラなどの安定成長株が多く、かつてはテクノロジー株に投資していませんでしたが、２０１６年にアップルに投資しました。バークシャー・ハサウェイ社の株価は１９６５年以来年率21％の上昇と、Ｓ＆Ｐ５００の年率10％の約2倍のペースで上昇しました（２１４ジペー**図表６－３**）。

ファンドマネジャー、とくに逆張り投資家としてのウォーレン・バフェット氏の能力の高さは疑いの余地がありませんが、その手法は株式市場にとってプラスでも、米国経済に対してはマイナスとの指摘があります。

２０１７年9月13日のフィナンシャル・タイムズは次のように批判しています。

「バフェット氏は企業に競争を減らし、投資を抑制し、利益を上げることを求めるが、それは米国経済にマクロ面から負の影響を与えた。バフェット氏は、理想は投資しなくても、伸びる事業だと述べている。バフェット氏は最終的に実物資産に投資を始めたが、規制に守られた電力業などである。投資先のクラフトの売上高営業利益率は23%である。利益率が高ければ、競争相手が参入してもおかしくないが、ユニリーバやネスレはアクティブファンドなどの圧力で、利益率を下げるような投資をしないように求められている。バフェット氏がやっていることは投資家にとっては良いことだが、経済にとっては良くない。バフェット氏は自

図表6-3 ◉ バークシャー・ハサウェイ社の株価とS&P500の推移

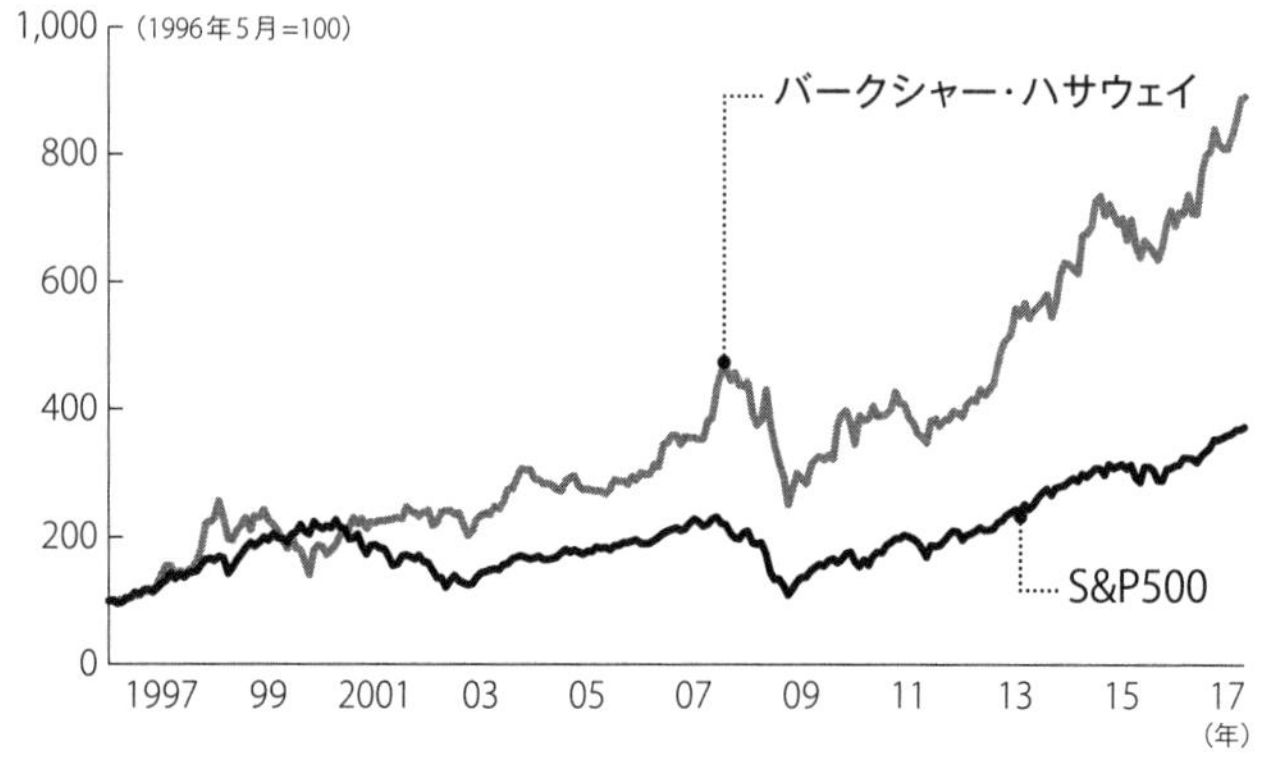

注：2017年9月26日時点
出所：ブルームバーグよりみずほ証券エクイティ調査部作成

ら起業しなかったし、新しいアイデアにも賭けなかった。一方、テスラをつくったイーロン・マスク氏は自動車や宇宙のような競争が厳しい業界で、勇気あるリスク性投資をしている」

企業が収益性維持のために、設備投資を抑制する姿勢は先進国共通の問題になっています。バフェット氏は2017年9月にニューヨーク・ダウが2117年に100万ドルに上昇すると予想して話題になりましたが、これは年率3・9％と過去100年間の上昇率5・5％より低いので、バフェット氏は米国株に弱気なのではとの見方も出ました。

欧州に本拠を置く大手運用会社

英国で最も尊敬されるベイリー・ギフォード

「英国で最も尊敬される運用会社はどこか」と、運用会社や証券会社に聞くと、エジンバラのベイリー・ギフォードという答えが多く返ってきます。ベイリー・ギフォードは1980年に創業されたパートナーシップの独立系運用会社で、2017年6月時点で運用資産は1666億ポンド（約23兆円）で、うち75%はグローバル株式です。従業員数983人のうち227人が投資のプロフェッショナルで、世界の712の顧客にサービスを提供しています。

ベイリー・ギフォードは**短期的な流行には興味がなく、企業収益の持続可能な成長が長期的に株価上昇につながると考えています。**日本株を運用するサラ・ホイットニー氏は英国で最も有名なファンドマネジャーの1人で、1980年にオックスフォード大学を卒業後、ベイリー・ギフォードに入社し、1982年より日本株の運用を担当し、1986年にパートナーになりました。私も20年間ほどホイットニー氏を知っていますが、ホイットニー氏は私より日本株の経験が長いことになります。夏のエジンバラでゴルフをしたいためではなく、ホイットニー氏と経営の議論をしたいがために、エジンバラを訪問する経営者も少なくないようです。

1984年に設定された「日本株ファンド」は2017年6月末時点の運用資産が17・4億ポンド（約2400億円）で、過去5年間に144％の上昇と、TOPIXの99％の上昇を45パーセントポイント上回るパフォーマンスをあげました。

同ファンドの上位3組入銘柄はソフトバンクグループ、三井住友トラスト・ホールディングス、国際石油開発帝石でしたが、ベイリー・ギフォードは中小型グロース株の投資を得意としており、2017年にはワコム、ムゲンエステート、GMOインターネット、スタートトゥデイ、クラウドワークスなどに大量保有報告書を出しました。エジンバラから頻繁に日本の中小型企業を訪問することは不可能ですが、通訳を通して電話取材をしているようです。

ベイリー・ギフォードはコーポレートガバナンス改革にも注目しており、四半期毎にエンゲージメントした企業を公表しています。２０１６年10〜12月にエンゲージメントした企業は47社で、うち日本企業はアサヒグループホールディングス、サイバーエージェント、ＧＭＯインターネット、日本電気硝子、ソニー、日本取引所グループでした。もっとも、ベイリー・ギフォードがエンゲージメントをしたと思っていても、企業側は取材を受けただけだとして、そうした認識がない場合もあるようです。ベイリー・ギフォードは優良な長期投資家だと思われているので、大量投資やエンゲージメントを歓迎する企業も少なくないようです。

事業会社の社長はエジンバラでゴルフをしたいがためにベイリー・ギフォードを訪問したい方もいらっしゃるようですが、証券会社的には２０１８年１月からのＭｉＦＩＤⅡ（欧州の金融・資本市場にかかわる包括的な規制である金融商品市場指令）の施行を控えて、手数料が少ないエジンバラの投資家にアナリストを派遣するインセンティブは低下しているようです。

日本との歴史的なつながりが深いシュローダー・グループ

ロンドンに本社があるシュローダー・グループは１８０４年創業で、２００年以上の歴史を誇る英国の上場・独立系運用会社です。１８７０年に日本政府が初めて起債した外債の主幹事を務め、新橋と横浜間の鉄道施設の資金調達に貢献するなど、日本との歴史的に深い関係があります。

２０１６年末の運用資産は前年比27％増の３９７１億ポンド（約55兆円）でした。資産別の内訳は、株式が１５３７億ポンド、マルチ資産が９６２億ポンド、債券が８２０億ポンド、コモディティ・不動産等が１４５億ポンドでした。27カ国に41拠点を持つシュローダー・グループは、アジアをはじめとする新興国株の運用に強みを持っており、株式のうち18％はアジア太平洋株で、17％がクオンツ運用、14％がグローバル株、13％が新興国株で、本国の英国株は13％に過ぎませんでした。日本株は６％に相当する92億ポンド（約１・３兆円）でした。

ピーター・ハリソン・チーフエグゼクティブはアニュアルレポートで、ビッグデータの使用が金融サービスに大きな影響を与えているとして、投資データの分析を強化する機会がある、北米の年金市場で事業強化の余地があると述べました。

シュローダー・グループは日本では年金・機関投資家向け運用戦略のほか、個人投資家向けに公募株式投信を運用しており、「シュローダー日本ファンド」の１９９８年２月の設定以来のパフォーマンスは１６２％と、ＴＯＰＩＸの28％を１３４パーセントポイントも上回りました。２０１７年６月末の上位３組入銘柄は、三井住友フィナンシャルグループ、伊藤忠、東京センチュリーでした。

国内で運用する同ファンドとは別に、ロンドンから日本株を運用するアンドリュー・ローズ氏は流暢な日本語も話し、１９８１年にシュローダー・グループに入社後、30年以上の日本株運用の経験があります。**英国には日本の構造改革に注目する投資家が多い**なかで、ローズ氏も２０１４年11月23日の日本経済新聞のインタビューで、「企業統治では良い変化が広がってきた。日本企業の株主還元姿勢は改善しており、日本株は上昇余地がある。一方で安倍政権の構造改革が進まないと、失望を招くリスクがある」と指摘していました。シュローダー・グループはＧＰＩＦや国家公務員共済組合連合会など、公的年金の日本株アクティブ運用も受託しています。

英国ヨークから長期バリュー投資を行なうマン・グループのＧＬＧ

上場運用会社のマン・グループは元々、１７８３年に砂糖のブローカレッジ企業として設立されて、Ｍ＆Ａで業容を拡大してきました。マン・グループはクオンツ運用、ヘッジファンド運用、長期バリュー運用などに強みを持つ多様化した運用会社です。

２０１６年に運用資産は前年比３％増の８０９億ポンド（約11兆円）に増えました。ロングオンリー部門はクオンツ運用の214億ポンド、裁量運用GLGの128億ポンド、オルタナティブ部門はクオンツ運用の196億ポンド、裁量運用GLGの139億ポンド、ファンドオブファンドの128億ポンドでした。クオンツ運用部門では2016年に新たな21の運用モデルと、115の新たな市場が追加されました。

マン・グループのオルタナティブ部門はロンドンにありますが、日本株のロングオンリー運用部門はロンドンから電車で2時間ほどのヨークにあります。証券会社はロンドンから電車に乗って、ヨークを訪れることが多くなっています。「マンGLG日本コアアルファファンド」の2017年6月末の運用資産は18億ポンド（約2500億円）で、**銀行や自動車株など大型バリュー株を中心に運用しています**。日本株運用ヘッドのステファン・ハーカー氏は1984年以降、日本株の運用に携わっていますが、テクノロジー株などグロース株がアウトパフォームする局面で、GLGは我慢の運用を強いられています。

2つのアクティブ運用会社が統合したジャナス・ヘンダーソン

2017年5月末に英国のヘンダーソンによる米国のジャナス・キャピタルの買収が完了して、ジャナス・ヘンダーソンが誕生しました。ジャナス・ヘンダーソンの株式は、米国とオーストラリアの証券取引所に上場しています。

2つのアクティブ運用会社が統合した理由は、パッシブ化の流れに対抗するためだけでなく、ヘンダーソンが欧州から米国へ事業基盤を拡大するという攻めの意味もあったとされます。

進化するテクノロジーへの対応が運用会社の課題になるなか、ディック・ワイル共同CEOは、「ビッグデータ分析やAIなどのイノベーションを取り入れることも大事だ。経営者の1人としては恐ろしいことだが、**将来は企業の経営者の発言内容を声の調子や表情で分析し、どんなシグナルを発しているのか読み取ることができるようになる**かもしれない」と述べました。

ジャナス・ヘンダーソンは統合効果が出て、資金流出額は2017年1~3月の70億ドルから、4~6月に10億ドルに減り、合算運用資産額は3450億ドル（約38兆円）と、世界50位内に入りました。運用資産の50%は株式、22%が債券、14%がクオンツ運用です。

ジャナス・ヘンダーソンは、人間の洞察力、創造力、直感と厳密な分析、体系的な投資プロセス、リンク管理を融合した運用を行なっています。2017年6月末時点で運用資産46億ドル（約5000億円）の「インターナショナル・オポチュニティー・ファンド」はEAFEをベンチマークとし、2001年8月末の設定以来の年平均リターンは8・7%と、ベンチマークの5・6％を上回りました。資産の半分以上を欧州株に投資し、日本を除くアジア太平洋株をオーバーウエイトする一方、日本株はベンチマーク比重の23％に対して、18％とアンダーウエイトしていました。

英国最大の運用会社、スタンダード・ライフ・アバディーン

2017年3月に英国エジンバラのスタンダード・ライフが、38億ポンドで、アバディーン・アセット・マネジメントを買収すると発表しました。規制当局の許可を得て、合併完了は2017年8月とされました。アバディーンはエジンバラ、グラスゴーに次ぐ、スコットランド第三の都市です。買収発表を株式市場は歓迎し、両社の株価は上昇しました。新会社はスタンダード・ライフ・アバディーンの社名で上場しています。

2016年末の運用資産はスタンダード・ライフが3570億ポンド（約50兆円）、アバディーンが3120億ポンド（約34兆円）で、単純合計の運用資産は約6700億ポンド（約84兆円）と、英国では最大、欧州でもフランスのアムンディに次いで2位となります。スタンダード・ライフが債券や資産配分ファンドに強みを持つ一方、アバディーンは株式、とくに新興国株の運用に強みを持つため、両社は補完関係にあるとされました。

スタンダード・ライフは三井住友信託銀行が運用で提携している一方、アバディーンには三菱ＵＦＪ信託銀行が出資しています。スタンダード・ライフは日本株運用を三井住友信託銀行に委託しているので、個別銘柄の話でエジンバラのスタンダード・ライフ本社を訪れることはなくなりましたが、マクロや投資戦略的な話をしに行くことはあります。アバディーンの運用資産の約３割は株式で、**ファーストハンド**（**直接**）**の調査と専門的な知識に基づく長期バリュー運用を強みとしています**。公募株式投信の「アバディーン・ジャパン・オープン（愛称：メガトレンド）」の２０１７年７月末時点で純資産は51億円と小さいですが、１９９７年９月の設定以来のパフォーマンスは28％と、ＴＯＰＩＸの17％を上回りました。上位３組入銘柄は信越化学、ＪＴ、キーエンスでした。

上場バリューファンドのポーラー・キャピタル

２００１年に創業されたロンドンの上場ファンドのポーラー・キャピタルは、ロングオンリーとオルタナティブ運用を行なっており、運用資産は１００億ポンド（約１・４兆円）です。12の運用チームで24本のファンドを運用しています。**逆張り的な発想を強みとする旗艦ファンドである「日本ファンド」**（**ロングオンリー**）の運用資産は１０９１億円、保有銘柄数は79で、アクティブ・シェア（ＴＯＰＩＸとどれほど保有銘柄の比重が異なるかを示す指標）は90％とベンチマークとは異なる運用をしています。バリューをスタイルとしており、２０１７年6月末時点のテクノロジー株の強気が多かった局面で、ベンチマーク比で電機を最もアンダーウエイトする一方、不人気の不動産を最もオーバーウエイトしていました（ポーラー・キャピタルは日本にも調査拠点を持っています）。個別銘柄で上位3保有銘柄は、ＩＤＯＭ（中古車販売の旧ガリバーインターナショナル）、三菱ＵＦＪフィナンシャル・グループ、スバルの順でした。同ファンドのファンドマネジャーのジェームズ・ソルター氏は27年の運用経験があり、２００１年より同ファンドを運用しています。

インカムに注目するジュピター

上場運用会社のジュピターの２０１６年の運用資産は、前年比10％増の３７８億ポンド（約５・３兆円）でした。世界的にアクティブファンドには逆風でしたが、ジュピターには10億ポンドの資金流入がありました。過去3年に運用する投信の66％が、競合投信のパフォーマンスの中央値を上回りました。世界の少子高齢化に伴う貯蓄需要の増加から恩恵を受けると考えて２００５年9月に設定された「ジュピター日本インカムファンド」の運用資産は4・7億ポンド（約660億円）で、2017年6月末時点で設定以来のパフォーマンスは126％と、ベンチマークの108％を上回っています。上位3組入銘柄は三井住友フィナンシャルグループ、NTT、KDDIでした。

日本株ファンドマネジャーのダン・カーター氏は2008年にジュピターに入社し、2016年5月以来同ファンドの運用を担当しています。平均保有期間は約5年で、**市場平均の配当利回りを上回る銘柄や、増配余地が大きい日本企業に投資**します。平均配当性向は約3割、総還元性向は5割ですが、インカムファンドを運用するカーター氏は、日本企業の株主還元の増加余地が大きいと考えています。

資本サイクル・アプローチに注目するマラソン・アセット・マネジメント

マラソン・アセット・マネジメントは、ロンドンを本拠とする日本株を含むグローバル運用に強みを持つ独立系運用会社です。運用哲学は、投資に対する資本サイクル・アプローチです。高いリターンの見通しがあると、より多くの資本を惹きつけることができると考えています。企業経営者が資本サイクルのドライバーにどのように反応するか、経営者にどのようなインセンティブがあるかが重要と考えています。

逆張り的な発想で長期運用を行なっており、銘柄の平均保有期間は7年超です。1987年より運用する日本株運用はリターンが7・4%と、ベンチマークのMSCI Japanの1・3%を上回っています。創業者の1人、ウィリアム・アラー氏は1982年にオックスフォード大学で修士号を得た後、ゴールドマン・サックスの東京オフィスでシニア・アナリストとして働いた後、1987年に英国に戻り、共同創業者となりました。

先述したジュピターで長年日本株ファンドマネジャーだったサイモン・サマービル氏が2016年にマラソン・アセット・マネジメントに移り、ウィリアム・アラー氏と一緒に日本株を運用しています。マラソン・アセット・マネジメントは日本にエンゲージメント担当者を置いています。サマービル氏は日本企業のコーポレートガバナンス改革余地が大きいと考えているようです。

割安株に大量保有報告書を出すシルチェスター・インターナショナル

私はほとんどの主要運用会社を訪れたことがありますが、ロンドンのディープバリュー投資家であるシルチェスター・インターナショナルとシンガポールのエフィッシモキャピタルには行ったことがありません。ディープバリュー投資家は、株式売買の回転率が低く、証券会社にとって良い顧客ではないので、営業も積極的にアポイントを取りませんし、こうした運用会社も付き合う証券会社は少ないようです。

シルチェスター・インターナショナルのＷｅｂによると、１９９４年に設立された同社は、企業の業績、資産、配当によって定義される本質的価値に注目し、本質的価値の累積が高いリターンに結びつくと信じて、低バリュエーションを重視して投資するそうです。シルチェスターは**割安な地銀株に大量保有報告書を出していたときもありましたが、マイナス金利で地銀株の本質的価値が棄損したと考えたのか、最近は地銀株に投資していない**ようです。２０１７年にはイビデン、アマノ、リョーサン、島忠、ミズノなどに10％以上の大量保有報告書を出しました。シルチェスター・インターナショナルと資本関係がある日本バリューインベスターズは日本を拠点にバリュー投資を行なっており、２０１７年はネットワンシステムズ、旭ダイヤモンド、名村造船所、堺化学、中国塗料などに大量保有報告書を出しました。

欧州最大の運用会社であるフランスのアムンディ

パリに本社があるアムンディは世界37カ国に約５０００名のプロフェッショナルを配置

する欧州最大の運用会社です。

アムンディはフランスの銀行のクレディ・アグリコルとソシエテ・ジェネラルの資産運用事業の統合で2010年に誕生し、2015年11月に上場しました。米国のブラックロックのように、巨大化するアムンディは欧州運用業界の勝ち組と見られているので、株価は過去1年に1・5倍以上に上昇しました。2017年7月にイタリアの銀行ウニクレディトからパイオニア・インベストメンツを35億ユーロ（約4500億円）で買収したことで、運用資産は1・3兆ユーロ（約130兆円）に膨らみました。運用資産の47％は債券、18％がマルチアセット、15％が株式、14％が流動性ソリューションでした。

アムンディは資産運用業でフランスでは当然1位、イタリアとオーストリアでもトップ3ですが、パイオニア買収には米国、アジア、中東などでのプレゼンスを高める目的がありました。顧客の72％は機関投資家で、28％は個人投資家ですが、逆にパイオニアは28％が機関投資家、72％が個人投資家なので、補完関係にあるとされました。

私は2017年10月の欧州投資家訪問ではパリのアムンディを訪れなかった一方、ミラノのアムンディ・パイオニアを訪ねて、ダブリンのアムンディ・パイオニアとビデオ・コンファレンスをつなぐという複雑なミーティングを行ないました。欧州の運用会社の再編を示す事例です。

資金流出に苦しむアクティブ運用会社が多いなかで、アムンディには2016年に620億ユーロ（約8兆円）流入しましたが、うち75％は海外からの資金流入でした。資産運用産業においても巨大化した運用会社による「Winners Take All」的な寡占化が起きつつあることを示しました。欧州でもETFへの需要が増えており、アムンディは価格競争力が高いETFを提供しています。グローバルなESG投資にも力を入れており、SRI投資残高は1680億ユーロ（約22兆円）でした。

アムンディは日本の公募株式投信でも特徴ある投信を運用しています。株主価値創造の余地が大いにありながらも、市場の注目を受けていない株式に的を絞り投資する「**アムンディ・ターゲット・ジャパン・ファンド**」は、**2000年8月の設定以来のパフォーマンスは2017年7月末時点で456％と、TOPIXの6・6％を約450パーセントポイントもアウトパフォームしました**。上位3組入銘柄はセイノーホールディングス、東洋インキSCホールディングス、トッパン・フォームズでした。

日本株投資家が少なくなってきたドイツ

ECB（欧州中央銀行）の本拠があるドイツのフランクフルトは、英国がEU離脱を決めたことで、欧州の金融センターとしての地位を高めると予想されています。日系証券でも、一度は閉鎖したフランクフルト・オフィスを再開する動きが始まっています。しかし、ドイツにおける日本株投資家は現状広がっていません。日本株の人気があったころには、フランクフルトのみならず、ミュンヘンなどにも営業に行っていましたが、現状では日本株の個別銘柄に投資できる機関投資家はフランクフルトに3社程度しかない印象です。

そのうち、最大手のドイチェ・アセットマネジメントの2017年6月末の運用資産は7110億ユーロ（約92兆円）です。運用資産の75％がアクティブ運用で、14％がパッシブ、11％がオルタナティブでしたが、欧州でのETF供給業者としては2位でした。5400億ユーロのアクティブ運用のうち64％は債券、20％が株式、16％がマルチ資産でした。

ドイチェ・アセットマネジメントは世界30カ国以上に拠点があり、グローバルな専門知識を持ちます。たんなるマクロやテクニカル分析を超えた地政学、規制改革、金融政策、通貨見通しなどの深い分析を得意にしています。

日本での公募投信は債券や外国株の投信が多く、日本株投信の残高はわずかです。ドイチェ・アセットマネジメントのアジア太平洋地域CIOのショーン・テイラー氏は2017年8月16日の日本経済新聞で、「企業業績の拡大は世界的な現象で、それだけで日本株を評価できない。日本の予想PERは約14倍と、欧州株や新興国株より高い」として、日本株に慎重姿勢を見せました。**日本の機関投資家からは日本株が割安だとの主張が多いですが、ドイツの投資家は日本株を割安とはみなしていない**ようです。

ドイツ最大の保険会社のアリアンツ

アリアンツ・グローバル・インベスターズは、ドイツの最大手保険会社アリアンツの運用部門です。１８９０年に設立されたアリアンツは１００年以上にわたって資産運用を行なってきましたが、１９９８年にすべての運用会社を一つのブランドに統合しました。２０１６年末の運用資産は約59兆円で、世界25カ所に運用拠点があり、70カ国以上の８６０万人の顧客に運用サービスを提供しています。10年以上の経験を有するポートフォリオマネジャーを含む６００人以上の運用プロフェッショナルが在籍しています。

日本株運用では、以下の４つの戦略に基づく運用を行なっています。割安な60〜80銘柄の大型株に投資する日本株式大型戦略、世界経済の影響を受けにくいユニークなビジネスモデルを持つ40〜80銘柄の中小型株に投資する日本株式中小型戦略、ボトムアップで10〜12程度のベストアイデア銘柄に投資する日本株式超集中型戦略、独自のシステムでボラティリティの低い銘柄群に投資する日本株式ボラティリティ・コントロール戦略です。

スイス最大の運用会社のUBSアセット・マネジメント

スイスにおいても、日本株の人気があったころには日系証券会社はチューリッヒ、ジュネーブ、ルガノの3支店体制でしたが、ほとんどの拠点が撤退して、最近は日本株の営業でスイスを訪れる頻度も少なくなりました。

UBSアセット・マネジメントは、スイスのクレディスイスと並ぶ大手金融グループのUBSの運用部門です。UBSは金融危機に陥ったこともありますが、150年以上の歴史を持つ金融会社です。

運用資産は7320億ドル（約80兆円）でスイス最大、欧州でも4位の運用会社です。ヘッジファンド・マネジャーとして世界2位で、不動産マネジャーとして世界5位です。世界23カ国に拠点があり、世界中に920人の運用プロフェッショナルがいます。資産別内訳は株式が36％、債券が21％、マルチアセットが16％、マネーマーケットが10％、不動産とプライベート・エクイティが10％でした。地域別投資先はスイスが34％、米州が23％、スイス以外の欧州中東が22％、アジア太平洋が21％でした。

日本株の公募投信では、MSCIジャパン高配当利回りインデックスファンド、地方銀行株ファンド、日本株式リスクコントロール・ファンドなどがあります。日本株式リスクコントロール・ファンドは、**割安さと競争力がある日本株に投資し、独自のリスクコントロール戦略で株価下落時の抵抗力を高めることを目指して運用**しています。2017年7月末の上位3組入銘柄はオリックス、ソフトバンクグループ、三井住友フィナンシャルグループでした。

ディスクロージャーが良いノルウェー政府年金基金

ノルウェーの原油収入を国民の将来の年金のために運用するのが、ノルウェー政府年金基金です。正式な英語名称はNorges Bank Investment Management（略称NBIM）で、Norges Bankはノルウェーの中央銀行です。ディスクロージャーが良くない政府系ファンドが多いなかで、NBIMはGPIFのように全保有銘柄を開示するなど、ディスクロージャーの良さで知られます。パッシブ運用比率が高く、コーポレートガバナンスや責任投資の重視という観点では米国のカルパースに似ているともいえます。

NBIMはエンゲージメント活動（NBIMではオーナーシップ・アクティビティと呼びます）として、2017年第2四半期に6818の株主総会で7万9876の提案に対して投票しました。

ハーバード・ビジネススクールに研究資金を出して、サステナビリティ関連のディスクロージャーと企業パフォーマンスの関係を調べたアカデミックなレポートも公表しています。

NBIMはリスク分散のために、海外資産にしか投資しません。日銀が国内株しか買わないのと対照的です。NBIMの2017年6月末の運用資産時価は、8020億クローネ（約110兆円）でしたが、9月19日にドルベースで運用資産が記念すべき1兆ドルに達しました。Sovereign Wealth Fund Institute によると、NBIMは世界最大の政府系ファンドです（運用資産約150兆円のGPIFのほうが大きいものの、通常GPIFは政府系ファンドとみなされません）。

NBIMの長期資産配分目標は株式が50～80％、債券が20～50％、不動産が7％以下で、2017年6月末の実際の配分比率は株式が65・1％、債券が32・4％、不動産が2・5％でした。現在の低金利では債券投資から高い利回りが得られないとの見方から、株式比重を高めにしています。

グローバルの業種比重は金融が24・3％、工業が14・4％、消費財が13・5％、ヘルスケアが10・5％、テクノロジーが10・4％と、金融比重が高い一方、テクノロジー比率が低かった特徴があります。

地域別株式比重は2016年末→2017年6月末に米国株が37・6％→36・3％と低下した一方、新興国株が9・5％→10％と上昇し、日本株比重は9％のままでした。NB

IMの日本株保有額は約6・5兆円と、保有額が最も大きい外国運用会社の一つです。ただ、NBIMの運用はパッシブ比率が高いと推計されます。

NBIMは世界中で約9000銘柄を保有しており、2017年6月末の上位10組入銘柄はアップル、ネスレ、アルファベットの順で、日本株はトップ10に入っていませんでした。

NBIMは個別銘柄を、長期的な定性的および定量的な業種および企業分析に基づいて選びます。トップ10に入っていないものの、NBIMは2016年末時点で日本株を1433銘柄も保有していました（**図表6－4**）。2016年末の保有時価が大きい日本株はトヨタ自動車、

図表6-4 ◉ ノルウェー政府年金基金の日本株保有銘柄数と保有金額

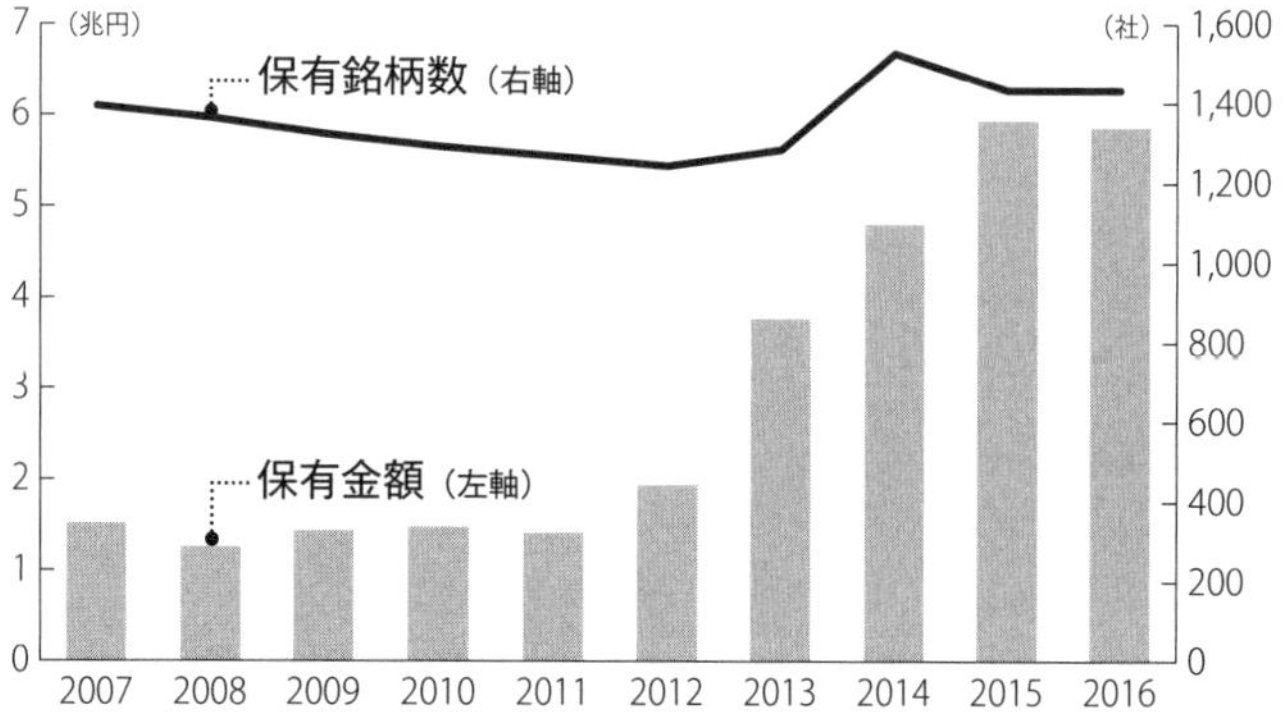

注：各年末時点、保有額は各年末のレートで換算
出所：Norges Bank Investment Managementよりみずほ証券エクイティ調査部作成

三菱ＵＦＪフィナンシャル・グループ、ソフトバンクグループなど時価総額が大きい銘柄ですが、保有比率が高い銘柄としては、溶射加工大手のトーカロの５％、ライフネット生命保険の４・５％、バルブメーカーのキッツの４・２％などがありました。

アジア中東の主要運用会社

シンガポールの政府系ファンドGIC

シンガポールや香港には日系のヘッジファンドが多くありますが、シンガポールのGICは格式高い政府系ファンドとみなされています。GICはGovernment of Singapore Investment Corporation の略で、日本語でシンガポール政府投資公社と訳されますが、短縮名のGICで通用します。GICはシンガポールのトップエリートが勤める機関として有名で、従業員数は1300人超で、日本人のプロフェッショナルも勤務しています。

運用資産規模を含めて運用の詳細は開示されていませんが、Webによると、世界40カ国以上の国に対して、1000億ドル（約11兆円）以上投資しているとしています。1981年に設立され、最初の20年間は保守的な運用をしていましたが、短期的な流動性を確保する必要性が低下した2000年代からリスク許容度を高めて、2013年から長期投資を強調し始めました。GICの運用リターンは、シンガポール政府の予算を通じて、シンガポールの先進国としての国づくりに貢献することを期待されています。2017年3月までの20年間の実質年平均利回りは3・7%でした。長期投資を目標にしているので、単年度のリターンは開示していません。**日本に対する投資では、株式よりも不動産への投資が目立っています。**

旧村上ファンドから分かれたエフィッシモキャピタル

旧村上ファンドは、村上世彰氏と長女の絢氏が実質的に運営するレノ、旧村上ファンドの幹部だった丸木強氏が経営するストラテジックキャピタル、両氏ほどの幹部ではなかった高坂卓志氏が経営するシンガポールのエフィッシモキャピタルの3社に分かれました。

シンガポール在住で不動産などの投資をしていた村上世彰氏は長らくマスコミへの登場を避けていましたが、黒田電気への株主提案や、ベストセラーになった『生涯投資家』（文藝春秋）などの著書を通して、再び前面に出るようになりました。村上氏は自己資金の運用しかしなくなった一方、エフィッシモキャピタルは米国の大学基金などからの預かり資産が数千億円規模に達していると推測されます。

エフィッシモキャピタルは2008～10年には、学研ホールディングス、コーエーテクモホールディングス、日産車体などの保有株を巡って、会社に買取りを請求したり、訴訟沙汰にしたりしていましたが、現在は**ディープバリュー投資家として純投資を強調**しているようです。

エフィッシモキャピタルは川崎汽船の株式の38％を保有して、2016年の株主総会では社長再任に反対しましたが、2017年の株主総会では経営改善計画に理解を示して、会社提案に賛成に回りました。一方、12％の株式を保有し、業績が低迷しているリコーの株主総会では、役員報酬の議案に反対しました。また、第一生命ホールディングスの株式の9％を保有し、上場廃止のリスクもある東芝株も10％近く保有するなど、リスクを取った運用をしています。

モノを聞く株主のいちごアセットマネジメント

いちごアセットマネジメントは、モルガン・スタンレー証券で株式統括本部長だった米国人のスコット・キャロン氏によって、2006年に創業された独立系運用会社です。欧米の大学基金・年金などがスポンサーになっており、運用資産額は2016年末に約6600億円でした。調査拠点は東京、運用拠点はシンガポールにあります。

キャロン氏は流暢な日本語を話し、同社のHPには「私が愛する日本」との文藝春秋のインタビュー記事も掲載されているほどの、日本通&日本贔屓です。キャロン氏は金融庁のコーポレートガバナンス・コードの策定に関する有識者会議のメンバーを務め、同コードの導入にも多大な貢献をしています。社名のいちごの由来は「一期一会」から来ており、企業理念である「いちごの三方よし」のもと、「投資先企業のために、顧客のために、日本のために」すべてのステークホルダーに資する投資活動を目指しています。

株主として、企業にモノを一方的に言うのではなく、株主責任と受託者責任を果たすうえでは、「モノを聞く」ことが重要だと考えています。**投資先企業の経営陣、従業員に対する敬意を持って、その言葉に耳を傾け、問いかけ、企業価値向上のために投資先企業に寄り添うことが存在意義**だと考えているそうです。

キャロン氏は上場不動産会社であるいちご（東証1部、JPX日経400構成銘柄）の会長も兼任しています。いちごアセットマネジメントの運用手法は長期バリュー投資で、総合商社の三菱商事や双日、ポンプ総合メーカーの荏原製作所、製紙メーカーの日本製紙、紳士服の青山商事などの大株主になっています。かつては中小型株投資が多かったものの、厳選投資（集中投資）の観点から、資産規模が大きくなるにつれて大型株の投資も増やしています。商社担当のトップアナリストだった吉田憲一郎氏が副社長として参画しています。吉田副社長が２０１７年１月に東証で行なった「企業価値向上経営セミナー」によると、ポートフォリオの上位５銘柄で50〜70％、上位10銘柄で70〜90％を占める集中投資を行なっており、銘柄の平均保有期間は４・５年とのことです。

日本企業に積極的提案を行なう香港のオアシス・マネジメント

香港のアクティビスト・ヘッジファンドのオアシス・マネジメントは、２０１７年３月の株主総会で片倉工業に対するＲＯＥ重視を定款に盛り込む株主提案は否決されましたが、パナソニックによるパナホームの完全子会社化では、株式交換比率の問題点を指摘し、パナソニックは株式交換からＴＯＢへ切り換えました。東芝プラントシステムの東芝に対する預け金では、裁判所に差し止め請求を行なって、預け金を回収させました。真相は明らかでありませんが、オアシスは任天堂のコンソール（ゲーム専用機）からスマホゲームへの進出もアドバイスしたと自負しています。

オアシスのセス・フィッシャー社長は２０１７年６月５日に、社外取締役の集まりである、日本コーポレートガバナンス・ネットワークで行なった講演で親子上場の問題点として、①子会社の現預金を引き出している親会社がある、②子会社が親会社の元従業員の定年退職後の配属先として使用されている、③親会社に有利な条件での関連当事者間の取引がなされることがあることを指摘しました。日本のコーポレートガバナンスは改善傾向にあるものの、さらに改善すべき点として、①強固な株式持合の存在、②スチュワードシップ責任を放棄し議決権行使で棄権する国内機関投資家がいること、③現預金が積み上がった非効率な資本配分などを挙げました。日本の上場子会社の完全子会社化は「不公正なプロセス」で、「不当な買付価格」で行なわれることが多いと批判しました。**親子上場に注目した取引は旧村上ファンドが得意とした手法ですが、オアシスが引き継いだ**ようです。

世界最大の外貨準備を運用する中国のＣＩＣ

中国は３００兆円超と、世界最大の外貨準備を保有しています。その外貨準備を運用するのがＣＩＣ（China Investment Corporation）とＳＡＦＥ（State Administration of Foreign Exchange）で、北京と香港に運用拠点があります。ＣＩＣは外貨準備運用の多様化とリターンの最大化を目的に２００７年9月に設立されました。

ＣＩＣは中東の政府系ファンドよりはディスクロージャーがしっかりしています。２０１６年末の運用資産は８１３５億ドル（約90兆円）です。開示の正確性に関して疑問が呈されることもありますが、２０１２年以降毎年４〜５％のリターンをあげています。２０１６年末の資産配分は上場株式が46％、オルタナティブが37％、債券が15％、現預金が２％でした。上場株式では51％が米国株で、米国以外の先進国株が38％、新興国株が11％でした。業種別では金融が19％、ＩＴが16％、一般消費財が12％、工業が11％、ヘルスケアが10％でした。

中国の運用機関を訪れた印象では、米国で運用教育を受けて米国人の運用プロフェッショナル並みの知識を身につけたファンドマネジャーがおり、日本の中小型株にも詳しいファンドマネジャーがいるとの印象でした。ただ、**中国の政府系ファンドや民間運用会社からの日本株投資は当初の期待ほど増えていない**ので、最近は日本株の説明に北京まで出向くことが少なくなりました。日本の主要企業では中国系ファンドが大株主に出ることが少なくなりましたが、中国は日本企業の食品やヘルスケアなどの分野で、安心安全な企業を買収したいと思っているとの話を聞いたこともあります。

中東の政府系ファンドのＡＤＩＡ、ＫＩＡ、ＱＩＡ

ＵＡＥ（アラブ首長国連邦）のＡＤＩＡはAbu Dhabi Investment Authorityの略で、日本語でアディアと呼ばれます。１９７６年に設立され、世界60カ国以上の異なる国の多様な人が働いています。石油収入を裏づけに運用していますが、運用資産や資産配分は開示されていません。先述したSovereign Wealth Fund Instituteによると、運用資産は８２８０億ドル（約91兆円）です。年８％のリターンを目指していますが、世界的な低金利で目標達成がむずかしくなっているため、**直接的なバイアウトディールや不動産などへの投資を増やしているる**と報じられています。

グローバル投資ポートフォリオの２０１６年までの過去20年間の平均リターンは６・１％、過去30年間の平均リターンは６・９％でした。運用は外部委託と自己運用があります。自己運用ではＵＡＥは税金がないので、腕に自信があるファンドマネジャーを期間限定でアブダビに招いて、高い報酬で運用してもらっていますが、期待どおりの運用パフォーマンスがでないと、再契約はないようです。ＡＤＩＡは最近、オルタナティブ投資を増やしているようです。

一方、運用資産5240億ドル（約58兆円）のKIA（Kuwait Investment Authority）は1953年に設立された最古の政府系ファンドです。クウェートにも運用拠点がありますが、ロンドンの運用拠点も大きいようです。私もクウェートの本拠を訪れたことがあるほか、定期的にKIAのロンドン運用拠点を訪問しています。ADIA同様に、運用資産規模や資産配分は開示されていません。

カタールのQIA（Qatar Investment Authority）の運用資産は3200億ドル（約35兆円）と、政府系ファンドの資産ランキングで15位です。カタールは人口が260万人という小国ですが、1人当たりGDPは約6万ドルと日本の1・5倍という豊かな国です。カタールの首都ドーハに行ったことがありますが、見た目にも近代的な国です。ただ、カタールは2017年6月に、テロ組織を支援しているとして、サウジアラビア、エジプト、UAE、バーレーンから一方的に断交されて、中東で孤立しています。バランスしたポートフォリオを維持する政府系ファンドが多いなかで、QIAは**海外不動産などに思い切った投資をすることで知られます**。QIAは米国のインフラやテクノロジー企業の投資を増やす方針と報じられています。

菊地正俊（きくち　まさとし）
みずほ証券エクイティ調査部、チーフ株式ストラテジスト。1986年東京大学農学部卒業後、大和証券入社、大和総研、2000年にメリルリンチ日本証券を経て、2012年より現職。1991年米国コーネル大学よりMBA。日経ヴェリタス・ストラテジストランキング2017年1位。インスティチューショナル・インベスター誌・ストラテジストランキング2017年1位。
著書に『良い株主　悪い株主』『外国人投資家が日本株を買う条件』（以上、日本経済新聞出版社）、『外国人投資家』（洋泉社）、『外国人投資家の視点』（PHP研究所）、訳書に『資本主義のコスト』（洋泉社）、『資本コストを活かす経営』（東洋経済新報社）などがある。

No.1ストラテジストが教《おし》える
日本株《にほんかぶ》を動《うご》かす外国人《がいこくじん》投資家《とうしか》の儲《もう》け方《かた》と発想法《はっそうほう》

2017年12月10日　初版発行

著　者　菊地正俊
発行者　吉田啓二

発行所　株式会社日本実業出版社　東京都新宿区市谷本村町3-29　〒162-0845
大阪市北区西天満6-8-1　〒530-0047
編集部　☎03-3268-5651
営業部　☎03-3268-5161　振　替　00170-1-25349
http://www.njg.co.jp/

印刷／壮光舎　製本／若林製本

この本の内容についてのお問合せは、書面かFAX（03-3268-0832）にてお願い致します。
落丁・乱丁本は、送料小社負担にて、お取り替え致します。

ISBN 978-4-534-05548-4　Printed in JAPAN

日本実業出版社の本

定価変更の場合はご了承ください。

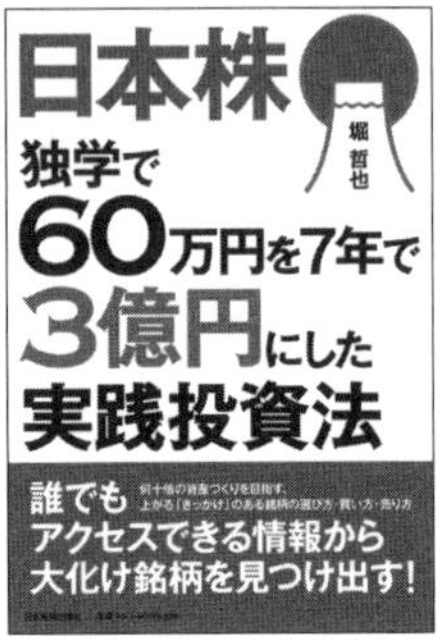

日本株　独学で60万円を7年で3億円にした実践投資法

堀哲也
定価 1400円(税別)

リーマン・ショックで投資資金を60万円まで減少させた投資家が、独学で編み出した、大きく上がる銘柄を選び出す手法を公開。個人投資家が、大化け銘柄を選び出すために必須の本。

本当にわかる　株式相場

土屋敦子
定価 1600円(税別)

外資系証券のアナリストや日本株投資責任者などを経て、自らの運用会社でヘッジファンドマネジャーを務める著者が、株式相場のしくみやプロの投資ノウハウを解説する定番教科書。

株は1年に2回だけ売買する人がいちばん儲かる

伊藤智洋
定価 1400円(税別)

チャート分析の第一人者が長年の研究と自身の投資実践から生み出した「株価には年に2回、動くべき時期＝パワートレンドがあり、簡単に儲けられる」という最新のノウハウを解説。